Länder und Völker

Südliches Afrika

Länder und Völker

Südliches Afrika

Äthiopien
Eritrea
Dschibuti
Somalia
Zaire
Ruanda
Burundi
Kenia
Uganda
Tansania
Angola
Botsuana
Sambia
Simbabwe
Malawi
Mosambik
Südafrika
Namibia
Lesotho
Swasiland
Madagaskar
Réunion
Mauritius
Seychellen
Komoren

Verlag Das Beste Stuttgart · Zürich · Wien

Länder und Völker

Südliches Afrika

Texte und Bilder dieses Bandes basieren auf dem Serienwerk BEAUTÉS DU MONDE, verlegt bei Larousse, Paris, und erstellt von der Redaktion Larousse.

Freie Mitarbeit

Übersetzung: Claire Knollmeyer
Bearbeitung: Karl-Heinz Bochow

Entwicklung Sachbuchprogramme

Redaktionsdirektor: Ludwig R. Harms
Senior Editor: Georg Kessler
Redaktion: Sigrid Blank und
Dirk Katzschmann

Produktgrafik

Art Director: Werner Kustermann
Art Editor: Rudi K. F. Schmidt
Einbandgestaltung: Rolf Bez

Materialwirtschaft

Direktor Materialwirtschaft:
Joachim Forster
Leitung Produktion Sachbücher
und Illustrierte Serien:
Joachim Spillner
Produktion: Hans-Peter Ullmann

Redaktionsschluß 9. 5. 1994

Printed in Italy
ISBN 3 87070 382 2

Inhalt

▲ *Bei einigen Festen färben Mosambikanerinnen sich ihr Gesicht weiß.*

▲ *Diese reichgeschmückten Imtore gehören zum Volk der Tussi.*

Einleitung

Afrika, der „Kontinent der Hochländer“, besteht hauptsächlich aus flachwelligen Plateaus, die an der Küste an treppenförmig abfallenden Randstufen enden und im Innern von tiefen Grabensenken durchzogen werden. Hinzu kommt an vielen Stellen ein mit Bruchtektonik verknüpfter Vulkanismus in Form von Basaltdecken und Schichtvulkanen. Das östliche und südliche Hochafrika zeigen die genannten typischen Landschaftsformen in besonders großartigen Beispielen. Hier haben sehr starke, relativ junge Krustenbewegungen die großen kristallinen Rumpfflächen aufgewölbt, gekippt und durch Grabenbrüche zerstückelt. In den Gräben liegen langgestreckte und tiefe Seen. Zwei große Grabensysteme bestimmen das Gesicht der Landschaft: Der bis zu 80 km breite Zentralafrikanische Graben zieht sich vom oberen Niltal südwärts bis zur Mündung des Sambesi; Albert-, Eduard-, Kivu-, Tanganjika- und Malawisee, deren Grund zum Teil weit unter dem Niveau des Meeresspiegels liegt, bilden eine dichte Kette. Aus dem Graben ragen das kristalline Ruwenzorigebirge (5109 m) und die Gruppe der Virungavulkane auf. Der 45–65 km breite Ostafrikanische Graben läßt sich vom mittleren Sambesi bis hinauf nach Äthiopien verfolgen, wo er sich zur trichterförmigen Afar-Senke öffnet und in der Grabensenke des Roten Meeres fortsetzt. Auch der östliche Zweig der großen afrikanischen Gräben wird oft von Seen eingenommen, von denen einige unter dem trockeneren Klima Ostafrikas zum Teil zu Salzseen geschrumpft sind. Im mittleren Abschnitt der Randverwerfungen des Grabens haben sich hohe Vulkanmassive aufgetürmt, so u.a. der Mount Kenia (5194 m) oder das Kilimandscharomassiv, mit bis zu 5895 m Höhe das „Dach Afrikas“.

Zwischen den Grabensenken und den Hochgebirgen erstrecken sich ausgedehnte Abtragungsebenen. Sie liegen größtenteils in Höhen zwischen 1000 und 2000 m, in Äthiopien auch darüber. Ihre Randschwellen fallen zur Küste hin in steilen, oft wild zerklüfteten Stufen ab und lassen am Meer nur einen schmalen, ebenen Landstreifen frei.

Flüsse wie beispielsweise der Blaue Nil, der Victorianil, der Sambesi oder der Oranje, die aus dem Binnenland zum Meer strömen, bilden an den Schwellen häufig enge Schluchten und Wasserfälle und somit unüberwindliche Hindernisse für die Schiffahrt. Diese natürlichen Barrieren haben die Erforschung und Eroberung Afrikas über Jahrhunderte hinweg verzögert, ganz im Gegensatz zu anderen Kontinenten, in denen

▲ *Vor der eindrucksvollen Kulisse des Kilimandscharo erstreckt sich der Amboseli-Nationalpark in Kenia.*

die großen Ströme wertvolle Verkehrswege für die europäischen Kolonisatoren darstellten.

Südostafrika liegt bis auf die Südspitze des Kontinents, an der ein Klima wie in den Mittelmeerländern herrscht, in der tropischen Klimazone. Die Temperaturen sind an den Küsten das ganze Jahr über gleichmäßig hoch, während es in den Hochländern im Winter empfindlich kühl werden kann. In der Zone am Äquator und in den höheren Gebirgen, an denen sich die Wolken stauen, regnet es in allen Monaten, und dichte, immergrüne Regenwälder nehmen große Flächen ein. Zu den Wendekreisen hin werden dagegen die Regenzeiten durch immer längere Trockenzei-

▼ *Angehörige des Kikuyustammes bei einem Fest*

▲ *Äthiopien: Aus dem Schilfrohr vom Tanasee werden Körbe geflochten.*

▲ *Ein Äthiopier beim Bau seiner Hütte*

▼ *Planwagen sind in Madagaskar ein traditionelles Fortbewegungsmittel.*

ten unterbrochen, und die Regenwälder gehen über laubabwerfende Trockenwälder in lichte Savannenwälder und offene Savannen über. Die trockensten Gebiete, etwa am Eingang des Roten Meeres oder an der Südwestspitze Afrikas, werden sogar von Halbwüsten und Wüsten eingenommen.

Der in diesem Band dargestellte Teil Afrikas umfaßt ungefähr südlich einer gedachten Linie von Eritrea nach Angola eine Fläche von fast 12 Mio. km² und damit etwas mehr als ein Drittel des Schwarzen Kontinents. Hier leben fast 290 Mio. Menschen – etwa die Hälfte aller Afrikaner. Die Mehrzahl der hier behandelten Länder gehört zu den ärmsten der Welt, wobei diese Situation und die Not der Bevölkerung eine Fülle von Ursachen haben. Einst wurden zahllose Afrikaner versklavt, Kulturen vernichtet und Landstriche entvölkert; später bemächtigten sich weiße Siedler der fruchtbarsten Böden und der wertvollsten Rohstoffe. Auch nach der Dekolonialisierung des Schwarzen Kontinents kamen Hiobsbotschaften aus dem südlichen Afrika, wo in vielen Ländern selbsternannte Potentaten die europäischen Ausbeuter ersetzt hatten. Millionen von Menschen leiden unter den Folgen jahrzehntelanger Bürgerkriege und sind wegen Dürrekatastrophen vom Hungertod bedroht.

Trotz der bedrückenden Lage vieler Menschen im Süden Afrikas wächst in einigen Ländern der Region die Hoffnung auf einen Ausweg aus dem Elend; nicht nur in Europa haben sich in den letzten Jahren tiefgreifende Änderungen vollzogen, auch durch Afrika weht drei Jahrzehnte nach der Unabhängigkeit vieler Staaten wieder ein „Wind des Wandels“. Die Zeit der korrupten Alleinherrscher geht ihrem Ende entgegen, der „Klub der Despoten“ wird immer kleiner.

Ungeachtet vieler offener Fragen scheint die demokratische Entwicklung auch in Südafrika, dem reichsten Land des Kontinents, unumkehrbar. Nach dem Ende der Apartheidpolitik und der ersten Wahl unter Beteiligung der schwarzen Bevölkerung ist die jahrhundertelange Vorherrschaft der Weißen beendet. Die angestrebte Versöhnung der einst verfeindeten Bevölkerungsgruppen ist im nördlichen Nachbarland Simbabwe bereits weitgehend gelungen.

Dargestellt werden in diesem Band auch die der Ostküste des Kontinents vorgelagerten Inseln, allen voran Madagaskar, das nicht nur wegen seiner Fläche von fast 600 000 km² auch als kleiner Kontinent für sich betrachtet werden kann. Eine Vielfalt von unterschiedlichen Landschaftsformen und vor allem eine reiche Tier- und Pflanzenwelt mit zahlreichen nur auf Madagaskar heimischen Arten prägen den einzigartigen Charakter des Inselstaats.

Die Redaktion

▲ *Äthiopien zählt zu den viehreichsten Ländern des Schwarzen Kontinents. Besonders verbreitet sind die aus Asien stammenden Zebus, die wegen ihres muskulösen Widerrists auch Buckelrinder genannt werden. Die widerstandsfähigen Tiere sind hervorragend an extreme Klimabedingungen angepaßt.*

Äthiopien

Das von Dürrekatastrophen und Bürgerkriegen heimgesuchte Land am Horn von Afrika gehört zu den zehn ärmsten Staaten der Welt. Nach dem Ende einer 15jährigen Militärregierung steht das legendäre Reich des Priesterkönigs Johannes vor einer ungewissen Zukunft.

Mit dem Sturz des letzten äthiopischen Kaisers Haile Selassie I. (1930–1974) durch einen Militärputsch im Jahr 1974 kam auch das Ende der sabäisch-salomonischen Dynastie, die – fast ohne Unterbrechung – mehr als 2000 Jahre über Äthiopien geherrscht hatte. Nach der Abschaffung der Monarchie wurde eine Militärregierung gebildet, die sich die Beseitigung feudaler Machtstrukturen auf ihre Fahnen geschrieben hatte. Eine Landreform sollte eine gerechte Verteilung des Bodens sicherstellen; Alphabetisierungskampagnen zielten auf eine Anhebung des allgemeinen Bildungsniveaus und damit langfristig auch auf verbesserte Lebensbedingungen in einem der zehn ärmsten Länder der Welt.

1984/85 kam es in dem von Dürrekatastrophen heimgesuchten Land zu einer schweren Hungersnot, der – trotz einer internationalen Hilfsaktion – Hunderttausende von Menschen zum Opfer fielen. Versuche der Regierung, die Lage zu verbessern, indem sie zahlreiche Äthiopier aus den Dürregebieten im Norden des Landes in den fruchtbaren Südwesten umsiedelte, stießen auf erheblichen Widerstand der Bevölkerung. Eine Verbesserung der wirtschaftlichen Situation Äthiopiens verhinderten die hohen Aufwendungen für das Militär: Seit 1974 kämpfte die Eritreische Befreiungsfront für die Unabhängigkeit ihrer im Nordosten des Landes gelegenen Provinz, und auch im von Somalia beanspruchten Gebiet Ogaden (Ostäthiopien) kam es immer wieder zu blutigen Auseinandersetzungen.

▲ *Junge Äthiopierin bei der Handarbeit*

1990 führte ein Umsturz zur Auflösung der bis dahin regierenden marxistischen Einheitspartei. Der Wunsch der Eritreer nach Eigenstaatlichkeit ist nun in Erfüllung gegangen, denn im Jahr 1993 entschieden sie sich in einer Volksabstimmung mit überwältigender Mehrheit für ein souveränes Eritrea. Äthiopien verlangte jedoch als Gegenleistung für die Anerkennung des Referendums eine Zugangsmöglichkeit zum Roten Meer.

Land der Berge

Zerstörte Titanenarbeit

Äthiopien ist ein geheimnisvolles, großartiges Land voller Naturschönheiten: ein Land mit heißen Wüsten und Schneegipfeln, erloschenen Aschevulkanen und schroffen Flußtälern; ein Land mit uralter Kultur und bedeutender Vergangenheit, dessen Ursprünge noch immer im dunkeln liegen.

Der Kernraum Äthiopiens wird von einem mächtigen Hochland eingenommen, das durch den Abessinischen Graben in einen nordwestlichen und einen südöstlichen Teil zerschnitten wird. Auf der Grabensohle liegen zwischen hohen Schichtvulkanen zahlreiche abflußlose Seen. Der kristalline Unterbau (Gneis, Glimmerschiefer) wird überdeckt von Sand- und Kalksteinschich-

▶ *Die zerklüfteten Tafelberge, die sich im Äthiopischen Hochland erheben, gleichen mächtigen Festungen. Die natürlichen Bastionen, die von den Einheimischen* Ambas *genannt werden, dienten im Lauf der Jahrhunderte immer wieder als Zuflucht vor feindlichen Eindringlingen.*

ten, denen wiederum eine 500–2000 m dicke Trappbasaltschicht aufsitzt. Schwarze, fruchtbare Dammerde bedeckt die Hochflächen. In das 2000–3000 m hohe Plateau haben die Flüsse bis zu 1000 m tiefe Klammen und Schründe eingeschnitten. Wie in einem Lehrbuch der Geologie liest man in den Wänden der Cañons. Die obere Basaltschicht formte steile Wände, die Sandsteinschluchten ermöglichten terrassenförmige, sanftere Abfälle, während ganz unten in den Schluchten die Flüsse zwischen senkrechten Urgesteinmauern in einer Reihe von Stromschnellen dahinschießen. So haben vor allem der Sobat, der Blaue Nil und der Atbara die Hochflächen in große Plateaus aufgelöst. *Ambas*, wildgeformte steile Tafelberge, trotzen der Erosion. Der französische Forscher Charlemagne Theophile Lefebvre schrieb im 19. Jh. über diese unzugänglichen natürlichen Bastionen: „Tafelberge, wie zertrümmerte Mauern erscheinend; runde Massen in Gestalt von Domen; gerade, geneigte, umgestürzte Kegel, spitz wie Kirchtürme; Basalte in Gestalt von ungeheuren Orgeln: alle diese Formen drängen sich, bauen sich übereinander auf, so daß man sie für die zerstörte Arbeit von Titanen halten möchte. In der Ferne verschmelzen sie mit den Wolken und dem Himmel, und in der Dämmerung meint man ein aufgeregtes Meer vor sich zu sehen." Bis auf eine Höhe von 4500 m überragen einzelne Gebirgsstöcke das Hochland, mit 4620 m ist der Ras Dashen Äthiopiens höchste Erhebung. Während der Regenzeit ist sein Gipfel ebenso von Schnee bedeckt wie die Flanken anderer imposanter Berge am Tanasee.

Dem Hochland schließt sich östlich das schräge, nach dem Indischen Ozean abfallende Somaliplateau an. Nördlich davon folgt als riesiges Senkungsgebiet das Danakiltiefland, in dem einige Seen unter Meereshöhe liegen (Lake Assal: 174 m u. M). Aus dem Hochland strömen der Atbara, der Blaue Nil und der Sobat mit ihren zahlreichen Nebenflüssen in westlicher Richtung in die Ebenen des Sudan hinein. Prangen die Ufer am Oberlauf der Flüsse noch im Schmuck einer üppigen Vegetation, so tritt diese talwärts zurück und weicht den Grassavannen oder – wie im Fall des Atbara – sogar der Wüste. In 1830 m Höhe, von mächtigen Bergen eingerahmt, liegt der Tanasee im Herzen des Äthiopischen Hochlandes. Klar lassen sich verschiedene vertikal gestaffelte Vegetationszonen unterscheiden, die in Äthiopien folgende Namen tragen: Kolla, Woina Dega, Dega und Tschoke.

Die tiefen Schluchten der Flüsse und die Hänge der Hochebenen mit einer Skala von Busch, Buschwald und immergrünem, üppigem Wald gehören zur feuchtheißen Vegetationsstufe der Kolla, die bis in eine Höhe von

▲ *In Matara, einer der bedeutendsten archäologischen Fundstätten Äthiopiens, wurde im Jahr 1959 ein reichverziertes Räuchergefäß entdeckt. Das Kunstwerk aus den ersten Jahrhunderten des christlichen Zeitalters stellt einen Steinbock dar, der von einem Hund angegriffen wird.*

1700 m hinaufreicht. Von hier bis auf 2500 m erstreckt sich die gemäßigte Woina Dega, das nach dem ehemals verbreiteten Weinbau benannte „Weinland". Sie ist das Hauptsiedlungsgebiet, ein fruchtbares, offenes Acker- und Weideland mit einer Vielzahl tropischer Gewächse. Hier werden neben Kaffee auch Bananen, Baumwolle, Zuckerrohr, Tabak sowie europäische Getreidearten angebaut. Für die Viehzucht bietet vor allem die sich anschließende Dega günstige Bedingungen. In diesem Gebiet der Hochweiden werden Weizen und nicht zuletzt anspruchslose Gerste angebaut. In 3800–3900 m Höhe beginnt die Tschoke genannte Hochgebirgsregion, in der alpine Gewächse gedeihen.

Ein buntes Bevölkerungsmosaik

Bauern, Jäger und Viehzüchter

In Äthiopien leben gegenwärtig ca. 49 Mio. Einwohner. In anthropologischer Hinsicht gehören die Bevölkerung der nördlichen und zentralen Hochländer ebenso wie die im Süden des Landes lebenden Stämme überwiegend zur äthiopiden Rasse. Die Amharen, Tigre und Gurage, die zusammen etwas mehr als 40 % der Bevölkerung stellen, sind Teil der großen Sprachgruppe der Semiten. Die Galla im Süden, die Somal im Südosten und die Danakil im Osten und Nordosten zählen zu den Kuschiten, denen auch die Sidamo im Süden und die am Tanasee siedelnden Agau angehören; die Sidamo und Agau hatten bereits vor der Eingliederung dieses Gebietes an das große Königreich der Amharen ein Staatswesen ausgebildet. In den südwestlichen Randgebieten leben nilotische Völker, und in den Wäldern Südäthiopiens, vor allem in der Gegend um den Stefaniesee, gibt es kleinwüchsige Bevölkerungsgruppen, die sich zum großen Teil von der Jagd ernähren.

Im Hochland leben Bauern, von denen viele noch heute mit dem alten Hakenpflug ihre Felder bestellen und verschiedene, darunter auch einheimische Getreidearten anbauen. Im Süden und Südwesten dominiert der Anbau der *Ensete*, einer Verwandten der Banane, die in ihren Stielen und Stengeln nahrhaftes Mark bildet. Die Somal und die Danakil, die vor allem Schafe, Ziegen und Kamele halten, sind ebenso Nomaden wie einige der rinderzüchtenden Galla im Süden des Landes.

Die „Wiege der Menschheit"

Spektakuläre Hominidenfunde

Nicht erst seit 1856, dem Jahr der Entdeckung eines Schädelfragments im Neandertal in der Nähe von Düsseldorf, existieren unterschiedlichste Theorien über den Ursprung der Menschheit. Obwohl sich die Paläanthropologen seit langem über verschiedene mögliche Entwicklungswege zum *Homo sapiens sapiens* streiten, ist ein Großteil dieser Forscher, die sich mit der Frage nach den Anfängen unseres Menschseins befassen, doch zumindest in einem entscheidenden Punkt einig: Die „Wiege der Menschheit" stand in Afrika.

Nach den heutigen Forschungserkenntnissen traten alle Vor- und Frühformen des Menschen – vom *Australopithecus* bis zum frühen *Homo sapiens*, dem direkten Vorläufer des anatomisch modernen Menschen – zuerst auf dem afrikanischen Kontinent auf. Zu einem der bedeutendsten Funde in der Geschichte der Paläanthropologie kam es Mitte der 70er Jahre bei Hadar in der im Nordwesten Äthiopiens gelegenen Afarregion. Donald C. Johanson, Leiter einer Expedition, die in dieser kargen Gegend nach Fossilien grub, stieß im November 1974 auf

▶ *Bis heute konnte noch nicht geklärt werden, warum einige der bis zu 33 m hohen Grabstelen von Aksum mit Türen und Fenstern verziert wurden. Die steinernen Monumente, die an südarabische Hochhäuser erinnern, stehen vermutlich in Zusammenhang mit einem Totenkult.*

▲ *Aksum: Die Kathedrale der heiligen Maria von Zion beherbergt die Kronen, welche die christlichen Kaiser des Aksumitischen Reiches während der Krönungszeremonie trugen.*

die Skelettreste (u. a. Becken-, Oberschenkel- und Kieferknochen) eines Hominiden, einer Vorform des heutigen Menschen. Die Expeditionsteilnehmer erforschten unter der Leitung von Johanson die Fundstelle mehrere Wochen in allen Einzelheiten und gruben weitere fossile Überreste aus.

Untersuchungen, die überwiegend in den USA vorgenommen wurden, führten zu dem Ergebnis, daß es sich bei den gefundenen Knochen um Überbleibsel eines weiblichen Individuums handelte. Radiometrische Messungen ergaben, daß „Lucy" – so der Name, den die Wissenschaftler dem Skelett gaben – vor etwa 3–4 Mio. Jahren gelebt haben muß. Die junge Frau – Lucy dürfte kaum älter als 25 Jahre gewesen sein – war vermutlich 100–110 cm groß und ging bereits auf zwei Beinen, allerdings noch nicht voll aufgerichtet wie der *Homo erectus*, der sich vor rund 1,6 Mio. Jahren ebenfalls in Afrika entwickelte, bevor er etwa 800 000 Jahre später den europäischen Kontinent besiedelte. Lucys Hirnvolumen entsprach ungefähr dem eines Gorillas; sie besaß vermutlich schon die Fähigkeit, mit einem Faustkeil zu hantieren, konnte jedoch noch keine Steine zu Werkzeugen behauen.

Johanson und ein Kollege ordneten Lucy und weitere in Nordostäthiopien entdeckte Skelettreste der Gattung *Australopithecus* zu. Bereits zu Beginn der 20er Jahre waren in Südafrika fossile Relikte dieser Gruppe menschenaffenähnlicher Hominiden gefunden worden.

Der *Australopithecus* ist wahrscheinlich durch eine tiefgreifende Klimaveränderung zum aufrechten Gang gezwungen worden. Nachdem tropische Regenwälder großflächigen Savannenlandschaften weichen mußten, blieb dem Hominiden nur die Wahl zwischen Untergang und Anpassung an die veränderten Lebensbedingungen. Von den verschiedenen Formen des *Australopithecus* hielten die meisten dem hohen Selektionsdruck, den rasch wechselnde Umweltbedingungen mit sich brachten, nicht stand und starben wieder aus – so auch der vegetarische *Australopithecus robustus*, der einen außergewöhnlich breiten Kiefer besaß.

Spuren von Lucys Verwandten und denen des Robustus hatte man in Form von zahlreichen Fragmenten bereits früher im Omotal entdeckt. Dieses Tal ist ein außergewöhnlicher Fundort, da hier eine etwa 500 m dicke Sedimentschicht von Gewässern angeschwemmt wurde, die den Ostafrikanischen Graben (Rift Valley) in früheren Zeiten bedeckten. Dank der Omo Beds verfügen die Forscher über ein „Gedächtnis" von 4,5 Mio. Jahren, das um so leichter zugänglich ist, als die Sedimentschicht vom Fluß angehoben und angeschnitten wurde. Steigt man den Hang hinab, unternimmt man gleichzeitig einen Ausflug in die Erdgeschichte.

Etwa 50 km südöstlich von Addis Abeba kann man in Malka Qunturé Siedlungsspuren über 1 Mio. Jahre zurückverfolgen. Dort entdeckte man winzige Obsidianmesser, die wahrscheinlich von vegetarischen Hominiden benutzt wurden, um das Mark aus den Pflanzen zu schaben.

Aus den *Australopithecinen* ging vor etwas mehr als 2 Mio. Jahren der *Homo habilis* hervor, ein höherentwickelter Hominide mit einem größeren Gehirn als seine Vorgänger. Der „geschickte Mensch" – so die Bedeutung von *Homo habilis* – war vermutlich das erste Wesen, dem es gelang, aus Stein Werkzeuge herzustellen. Die ersten Formen von Knochenfragmenten dieser Gattung stammen ebenfalls aus dem Schwarzen Kontinent: Im Jahr 1960 stieß das Forscherehepaar Mary und Louis Leakey in der Olduwaischlucht in Tansania auf Überreste des *Homo habilis*.

◀ *Das südöstlich von Aksum gelegene Haoulti ist eine Fundstätte ersten Ranges: 1959 entdeckten Archäologen hier u. a. die 80 cm hohe Statue einer sitzenden Frau.*

▲ *Der poetische Name „Bad der Königin von Saba", den die Äthiopier diesem Wasserreservoir in der Nähe von Aksum gegeben haben, täuscht darüber hinweg, daß die mit trübem Wasser gefüllte Zisterne vermutlich lange nach der Regierungszeit der legendären Herrscherin entstand.*

Weitere erfolgreiche Ausgrabungen fanden in den 70er Jahren in Kenia statt, und in Malawi entdeckten deutsche Wissenschaftler erst vor einigen Jahren einen ca. 3 Mio. Jahre alten Unterkiefer, der einerseits Ähnlichkeit mit den Knochen des *Australopithecus afarensis* aufweist, andererseits aber Zähne besitzt, die denen des *Homo habilis* gleichen.

Der afrikanische Kontinent ist eine ergiebige Ausgrabungsstätte, und so werden zahllose weitere Funde denen in Malawi folgen und die Auseinandersetzung über unsere Ursprünge um neue Aspekte bereichern. Doch auch die Entdeckung von Tausenden heute noch unbekannten Fossilien wird si-

▲ *Lalibela: Die monolithische Georgskirche (12./13. Jh.) wurde in Form eines Kreuzes aus dem Felsen herausgemeißelt. Drei ineinanderliegende christliche Symbole schmücken das Dach des Gotteshauses.*

cherlich die These bestätigen, daß unsere Vorfahren zuerst in Afrika lebten, bevor sie auch die übrigen Kontinente besiedelten.

Makeda und Salomo

Die Begründung der sabäisch-salomonischen Dynastie

Die Frühgeschichte Äthiopiens verliert sich im Dunkel zahlreicher Legenden. Um das Jahr 1000 v. Chr. soll in der Region westlich des Roten Meeres und südlich der Nubischen Wüste ein Drachen Schrecken unter der Bevölkerung verbreitet haben. Als es einem Mann namens Angabo gelang, das Wesen zu töten, wählte ihn das Volk zum König. Seine Tochter Makeda, nach der äthiopischen Überlieferung die berühmte Königin von Saba, erhielt durch einen Händler Kunde von der Weisheit des Königs Salomo und trat eine Reise nach Jerusalem an, von der auch die Bibel Zeugnis gibt. Im Ersten Buch der Könige heißt es: „Und als die Königin von Saba die Kunde von Salomo vernahm, kam sie, um Salomo mit Rätselfragen zu prüfen. Und sie kam nach Jerusalem mit einem sehr großen Gefolge, mit Kamelen, die Spezerei trugen und viel Gold und Edelsteine." Das *Kebra Negast*, ein Text aus dem 14. Jh., berichtet, daß Salomo und Makeda sich ineinander verliebten und einen Sohn bekamen, der die sabäisch-salomonische Dynastie begründet haben soll.

◀ *Auch nach dem Untergang des Königreichs von Aksum um das Jahr 1000 n. Chr. einte der christliche Glaube die Hochlandbevölkerung im Kampf gegen islamische Eindringlinge. Ende des 12. Jh. ließ König Lalibela in seiner nach ihm benannten Hauptstadt eine Reihe von Kirchen aus dem Fels schlagen. Das dem äthiopischen Heiligen Abba Libanos geweihte Gotteshaus zeigt dem Betrachter nur seine Fassade.*

Geheimnisvolles Äthiopien

Das „Land der schwarzen Völker"

Für die griechischen und römischen Schriftsteller begann „jenseits von Ägypten" das geheimnisvolle Äthiopien. Der griechische

▲ *Die Georgskirche in Lalibela erreicht man nur durch unterirdische Gänge, die direkt am Fuß des Heiligtums enden.*

▶ *Inmitten der typischen Landschaft der Äthiopischen Hochebene verlieren sich einige strohgedeckte Rundhütten. Auf den kargen Hügeln wachsen vereinzelte Euphorbien, Wolfsmilchgewächse, die über 5 m hoch werden können.*

▲ *Ein Äthiopier präsentiert einige der zahlreichen Sakralgegenstände, die in den Inselklöstern des Tanasees aufbewahrt werden.*

Geschichtsschreiber Herodot, der im 5. Jh. v. Chr. lebte, verstand unter dem „Land der schwarzen Völker" das Königreich Kusch, dessen Hauptstadt ab Mitte des 6. Jh. v. Chr. das in der heutigen Republik Sudan gelegene Meroe war. Im 2. Jh. n. Chr. war der alexandrinische Geograph, Astronom und Mathematiker Ptolemäus der erste, der von einer Stadt namens Aksum berichtete. Die alten Geographen unterschieden von einem „Äthiopien über Ägypten", in dem sie auch die Quellen des Nil vermuteten, noch das „troglodytische Äthiopien", den unmittelbaren Küstenstreifen. Diese Region erlebte unter der Herrschaft der Ptolemäer eine Blütezeit; die Häfen an der Küste sind bedeutende Handelsplätze gewesen. Einer dieser Häfen war das 60 km südlich von Massaua gelegene Adulis – das Tor, durch das vermutlich im 1. Jt. v. Chr. semitische Stämme aus Südarabien einwanderten.

▶ *In der im Nordosten Äthiopiens gelegenen Provinz Tigre gibt es etwa 100 Felsenheiligtümer, die zum Teil nur sehr schwer zugänglich sind. Die Fassade der Kirche Abba Yohanni wurde bei einem Felssturz zerstört und durch eine weißgetünchte Mauer ersetzt.*

▲ *Die Wände der äthiopischen Felsenheiligtümer sind oft mit Fresken verziert, die dank der Dunkelheit ihre frischen Farben bewahrt haben. Dieses Bildnis des Moses mit Turban und Vollbart befindet sich in der Kirche von Guh.*

▲ *Zahlreiche Bilder in den alten Kirchen des Tigregebietes wurden im Lauf der Jahrhunderte erneuert. Die Fresken, die den Eingang der Gabrielskirche schmücken, zeigen Einflüsse des byzantinischen Stils.*

Aksum

Hohe Stelen und leere Throne

Die Einwanderer vermischten sich mit den Kuschiten, die damals die Region bewohnten. Die Tigre und die Amharen, die aus der Überlagerung der einheimischen Bevölkerung hervorgingen, gründeten vermutlich im 1. Jh. n. Chr. die Stadt Aksum.

Der im Norden Äthiopiens gelegene Ort wurde zum Mittelpunkt des Aksumitischen Reichs, das bis zum 4. Jh. zu einem der bedeutendsten Machtzentren der Alten Welt aufstieg. Obwohl das Reich im 10. Jh. aufgrund innerer Streitigkeiten zerfiel, blieb Aksum bis zum 19. Jh. Krönungsort der äthiopischen Kaiser.

Die Krönung fand in der Kathedrale der heiligen Maria von Zion statt. Dort soll sich als Nachweis der Legitimität der Dynastie die berühmte Bundeslade befinden, welche die von Gott an Moses übergebenen Gesetzestafeln enthält. Der Überlieferung zufolge soll Menilek I., der in Jerusalem erzogen wurde, sie bei seiner Rückkehr nach Äthiopien mitgebracht haben. Sie wird sehr streng bewacht, und es ist verboten, die Bundeslade zu betrachten.

Einige der beeindruckendsten Zeugnisse des Königreichs von Aksum sind die riesigen Stelen, die sich in der ehemaligen Hauptstadt erheben. Keine andere Zivilisation hat je so große Steinblöcke aus dem Felsen geschlagen, skulptiert und aufgerichtet. Die größte dieser Stelen ist mit 33 m Höhe größer als der Obelisk der Königin Hatschepsut in Karnak (Oberägypten). Fast alle Monolithen stehen auf Steinplatten, deren Vertiefungen wahrscheinlich zur Aufnahme von Opfergaben dienten. Unmittelbar über der Grundplatte befindet sich die Imitation einer Tür, die mit einem Schloß versehen ist; in den folgenden etwa zehn „Stockwerken" sind Fenster und vorstehende Balkenköpfe angedeutet. Die granitene Stele verjüngt sich nach oben. Die Ähnlichkeit mit

◀ *Die Säulen, Bogen und Kuppeln in der Kirche Abba Yohanni sind eindrucksvolle Beispiele für die Meisterschaft der Handwerker, welche die Gotteshäuser von Lalibela aus einem einzigen Felsblock herausmeißelten.*

▲ *Der heilige Frumentios, der König Esana zum Christentum bekehrte, starb um das Jahr 380 in Aksum. In dieser Stadt, deren erster Bischof er war, liegt er in einer Felsennische begraben.*

den südarabischen Lehmhochhäusern, den „Wolkenkratzern“ des im Südjemen gelegenen Wadi Hadramaut, ist frappierend.

Mehrere dieser Stelen wurden wieder aufgerichtet. Andere liegen, in drei oder vier Teile auseinandergebrochen, am Boden. Die Entdeckung einer Grabkammer unter einer dieser Säulen im Jahr 1954 bestätigt die Vermutung, daß es sich bei diesen seltsamen Bauten um Grabmale und religiöse Symbole gehandelt haben muß. Es wird angenommen, daß sie zur Ehre der Könige aufgerichtet wurden.

Auch die steinernen Throne, von denen in Aksum mehrere Dutzend erhalten geblieben sind, dienten einst bedeutenden Persönlichkeiten. Es sind behauene Granitsockel, die einen Sitz tragen. Die Schlitze zum Einhängen der Rücken- und Armlehnen sind noch heute sichtbar. Die mehr als 2000 Jahre alten Steinblöcke stehen möglicherweise im Zusammenhang mit der Tradition der „Throngedenkstätten“, einer Art von Erinnerungsstätten, die im Orient weit verbreitet war. Das bemerkenswerteste aksumitische Kunstwerk im Bereich der Skulptur ist ein Thron, der 1959 südöstlich von Aksum in Haoulti entdeckt wurde. Das Fundstück besitzt einen 1,4 m hohen Baldachin auf Stierfüßen. Widderfiguren schmücken den Herrschersitz, der heute eines der Schmuckstücke des Museums von Addis Abeba ist.

Auch andere bedeutende Stücke aksumitischer Bildhauerkunst stellen Figuren dar, die auf Thronen sitzen. Neben ebenfalls in Haoulti entdeckten Statuen zählt eine in Maqualé gefundene Figur zu den beeindruckendsten Objekten. Aus derselben Epoche stammen außerdem fremdartige, filigrane Bronzegegenstände, die oft stilisierte Tiere verkörpern. Erst vor kurzem wurde entdeckt, daß sie als Siegel dienten.

Das älteste Gebäude Äthiopiens steht im nordöstlich von Aksum gelegenen Yeha. Es handelt sich um einen Tempel, der im 5. Jh. v. Chr. in südarabischer Bauweise angelegt wurde. Das massige, mit einer majestätischen Eingangstreppe versehene Bauwerk ist mit dicken, ohne Mörtel gesetzten Steinmauern versehen. In Yeha finden sich noch die mächtigen Mauern, die vorübergehend die Bundeslade aus Jerusalem beherbergt haben sollen. Jetzt steht hier ein Dorf, somit sind Ausgrabungen kaum möglich. Etwa 100 km nordöstlich von Aksum liegt Matara, wo französische Wissenschaftler seit 1959 systematische Nachforschungen anstellen.

Der Fundort von Matara ist nicht nur wegen seiner Ausdehnung ergiebig; monumentale Treppen und mächtige Mauerreste erinnern an die zwei Stadtanlagen, die hier übereinandergebaut worden sind. Ein Fund dokumentiert auch die Beziehungen, die zwischen dem Reich von Aksum und der römischen Welt bestanden haben: In einer Bronzevase entdeckte man u. a. römische Münzen aus dem 1. und 2. Jh. n. Chr.

Die Entstehung eines christlichen Königreichs

Die Bekehrung Esanas

Im 4. Jh. n. Chr. kamen zwei junge Christen aus Tyrus, der heutigen Stadt Sur (Libanon), nach Aksum und verkündigten dort

▶ *Die restaurierte, weißgetünchte Fassade von Enda Maryam Weqro, einer der Felsenkirchen in der Provinz Tigre, wird von einem mächtigen Felsüberhang geschützt.*

▲ *Die* Azmari *sind reisende Musiker und Geschichtenerzähler. Mit den Klängen ihrer* Masiukos *(einsaitige Streichinstrumente) untermalen sie die Feierlichkeiten des* Timkat *(Epiphaniasfest).*

ihren Glauben. Einer dieser Jünglinge, Frumentios, erzog den aksumitischen König Esana, der sich von seinem Lehrer zum Christentum bekehren ließ. Frumentios wurde später in Alexandria zum Bischof geweiht. Dieses Ereignis ist von großer Bedeutung, da es zur Abhängigkeit der äthiopischen Kirche vom ägyptischen Patriarchat führte: Fortan wurde die Funktion des *Abuna* (Metropoliten) von einem ägyptischen Geistlichen ausgeübt. Erst im Jahr 1952 durfte der äthiopische Klerus seinen Patriarchen selbst wählen.

451 entzog das Konzil von Chalkedon Alexandria (und Antiochia) den Titel eines Zentrums der Christenheit. Das Patriarchat von Alexandria gründete eine Staatskirche und verbreitete die monophysitische Glaubenslehre, welche die doppelte (menschliche und göttliche) Natur der Person Jesu Christi ablehnt. Äthiopien ist zur Zeit eine der fünf Kirchen dieser Art, neben der koptischen, der syrischen, der armenischen und der Malankarenkirche in Südindien.

Aus der christlich-aksumitischen Zeit sind nur noch wenige Gebäude erhalten geblieben. Die Kathedrale von Aksum wurde etwa im 15. Jh. wieder aufgebaut; Ausgrabungen unter dem Gebäude wurden bis heute vom Klerus verboten. In Matara und Yeha konnten nur Gebäudereste freigelegt werden.

Debre Damos

Ein Seil führt in den Himmel

Nicht weit von der in Nordäthiopien gelegenen Stadt Adua entfernt, erhebt sich ein kleiner, aber markanter Tafelberg. Auf seinem unzugänglichen Plateau liegt das Kloster Debre Damos mit der ältesten Kirche Äthiopiens. Die Zufahrtsstraße führt durch die charakteristische Landschaft der Hochebene: rötlichbraune Hügel, Kandelabereuphorbien, Rundhütten mit gelblichen Strohdächern; hin und wieder sieht man Affen und Papageien.

Als Za Mikhail – einer von neun Heiligen, die im 6. Jh. aus Ägypten nach Äthiopien kamen – diesen Felsen entdeckte, beschloß er, auf ihm eine Einsiedelei zu errichten. Die senkrechten Wände des Berges ließen sein Vorhaben jedoch zunächst scheitern. Nachdem er drei Tage und drei Nächte gebetet hatte, erbarmte sich der heilige Michael seiner und sandte ihm eine Riesenschlange, die ihn auf den Berggipfel hinaufzog. An dem Ort, wo die Schlange einst den Heiligen absetzte, steht heute ein kleines, 20 m langes und 9 m breites Gotteshaus. Die ausschließ-

◀ *Palmsonntag: Christliche Feste werden in Äthiopien stets prunkvoll gefeiert; die Kirchenmänner tragen prächtige Gewänder und schützen sich mit reichbestickten Schirmen vor der heißen Sonne.*

▲ *Am Weihnachtsmorgen versammeln sich Priester und Diakone um eine der unterirdischen Kirchen von Lalibela. Mit dem Klang von Sistren – einer Art altägyptischer Rasseln – verkünden sie die Geburt des Erlösers.*

lich männlichen Besucher des Klosters sind in der heutigen Zeit nicht mehr auf die Unterstützung einer Schlange angewiesen; sie bedienen sich eines Seils, um die Plattform zu erklimmen.

Während der vom äthiopischen Kaiser finanzierten Restaurierung von Debre Damos im Jahr 1948 hatte der britische Architekt D. H. Matthews Zugang zum „Allerheiligsten“, einem normalerweise für Außenstehende gesperrten Bereich. Matthews stellte Ähnlichkeiten zwischen Debre Damos und Gotteshäusern in der Türkei und in Pakistan fest. Die vermutlich aus dem 9. oder 10. Jh. stammende Kirche besitzt eine geschnitzte Decke, deren 39 Kassetten mit Tierfiguren und geometrischen Mustern im koptischen Stil verziert sind.

Das Kloster beherbergt etwa 300 Mönche und Schüler, die in einer Art Dorf mit flachgedeckten Häusern leben, jeder für sich. Der völligen Abgeschiedenheit von Debre Damos ist es zu verdanken, daß dieser Ort, wo einst mehr als 1000 Menschen lebten, als Bindeglied äthiopischer Steinmetzkunst zwischen Aksum und Lalibela erhalten geblieben ist.

▲ *Rituelle Tänze sind ein wichtiger Bestandteil zahlreicher äthiopischer Feste. Während der Epiphaniasfeier tanzt der Klerus zum Rhythmus von Sistren und Trommeln.*

Ein architektonisches Wunder

Die Felsenkirchen von Lalibela

Lalibela, das früher Roha hieß, war vom 10. bis zum 13. Jh. das Machtzentrum der Sagwedynastie, welche nach dem inneren Zerfall des Reiches von Aksum über weite Teile Äthiopiens herrschte. Das Einflußgebiet der Sagwe erstreckte sich auf einen Teil der Tigreregion sowie über die beiden Provinzen Lasta und Begemder. König Lalibela (1190–1225), der bedeutendste Herrscher der Sagwedynastie, beschloß, in dem am Fuß einer 4000 m hohen Bergkette gelegenen Roha die bedeutendsten Bauwerke Jerusalems nachzugestalten. Sie wurden entlang den beiden Ufern eines bescheidenen – und zumeist ausgetrockneten – Baches angelegt, der den beziehungsreichen Namen Jordan erhielt. Unter König Lalibela entstanden auch einige der berühmten elf Felsenkirchen, die vollständig aus dem Berg herausgemeißelt wurden.

„Es fällt mir schwer, diese Tatsachen niederzuschreiben, denn man wird sie mir doch nicht glauben ...", schrieb in der ersten Hälfte des 16. Jh. der portugiesische Kaplan Francisco Álvarez, der sechs Jahre in Äthiopien verbrachte und als erster Europäer die faszinierenden Felsenkirchen von Lalibela erblickte. Und in der Tat wurden die Berichte des Geistlichen erst ernst genommen, als andere Reisende sie 300 Jahre später bestätigten.

Drei verschiedene Techniken wurden von den Baumeistern angewandt: Bei der Gruftkirche meißelte man eine Fassade in eine Felswand und schlug dahinter eine Höhle in den Fels. Auf diese Weise entstand beispielsweise die Abba-Libanos-Kirche. Beim Bau einer Monolithkirche wurde aus der waagrechten Felsoberfläche ein roher Kubus als Masse des künftigen Gebäudes herausgearbeitet. Sodann wurden Äußeres und Dach mit allen Details fein behauen. Schließlich höhlte man diesen Steinblock aus, um den Innenraum mit seinen Gewölben und Säulen zu gestalten. Als dritte Art ist die Grottenkirche zu nennen, die in vorhandene Grotten eingebaut wurde.

In diese Kirchen gelangt man durch unterirdische Gänge, die in Höhe des Bodens der Gebäude angelegt wurden. Das verwirrende System von Zugängen diente wahrscheinlich auch Verteidigungszwecken; heute macht es einen großen Teil des Zaubers der Lalibelakirchen aus. Der Weg zum Gotteshaus Medhane Alem führt durch einen dunklen Gang in einen kleinen Vorhof. Hier richtet sich der Blick auf eine dunkelrote, 23 m breite und 11 m hohe Fassade, die von den in regelmäßigen Abständen angebrachten, viereckigen Pfeilern eines Peristyls geschmückt ist. Der Innenraum des Heiligtums wird durch mehrere Säulenreihen in fünf Schiffe unterteilt.

Eines der beeindruckendsten Bauwerke von Lalibela ist die St.-Georg-Kirche, die etwas abseits vom Dorf liegt. Bis man unvermittelt vor einer Steinplatte in Kreuzform steht, ist von der Kirche nichts zu sehen. Die Platte bildet das Dach des Gotteshauses, das mit einem ineinandergelegten Kreuzmotiv

▲ *Das Wasserholen gehört in Äthiopien zu den Aufgaben der Frauen.*

verziert ist. Erst wenn man das Heiligtum in Richtung Tal umschreitet, bietet sich ein Blick auf die schlanken Formen dieses etwa 12 m hohen, aus einem einzigen Felsblock gehauenen Gebäudes.

Jede der insgesamt elf Monolithkirchen stellt eine der Wallfahrtsstationen dar, die den Gläubigen von der Golgathakirche bis zum Gerichtssaal Pontius Pilatus' und zum Bethlehemhaus führen. Eine Chronik berichtet, daß zwei Engel den Bau der Kirchen (11.–13. Jh.) geplant haben; doch wie dem auch sei, das Ergebnis ist eine fast unbegreifliche reale, irdische Leistung! Im ganzen Land gibt es keinen weiteren Gebäudekomplex dieser Größe. Trotz der vermutlichen Mitarbeit einiger tausend koptischer Handwerker, die um 1100 durch Moslems aus ihrer Heimat Oberägypten vertrieben worden waren, dominieren in diesen Bauwerken aksumitische Architekturelemente.

Die Besichtigung der äthiopischen Felsenkirchen verlangt ein beträchtliches Maß an Geschicklichkeit, da viele von ihnen nur schwer erreichbar sind. Man glaubte lange Zeit, daß es außerhalb von Lalibela nur wenige Gebäude dieser Art gäbe. Später stellte sich aber heraus, daß sie in der weiteren Umgebung der Stadt sowie in der Region Tigre in großer Anzahl existieren. Seit dem Ende der 60er Jahre des 20. Jh. wurden etwa 100 Kirchen entdeckt. Europäische Forscher – u. a. die Schweizer Georg Gerster und Roger Sauter – fanden sie in fast unzugänglichen Felswänden und auf schwer ersteigbaren Gipfeln. Überraschend war vor allem die Entdeckung, daß manche Heiligtümer im Inneren riesiger Grotten gebaut worden waren. Herausragende Beispiele dafür sind die Erlöserkirche und die Kirche

▲ *Der Blaue Nil, den die Äthiopier Abbay nennen, galt lange Zeit als der geheimnisvollste Fluß Afrikas. Sein 900 km langer, tief eingeschnittener Cañon ist noch immer nicht in allen Einzelheiten erforscht worden.*

▲ *Engel mit weit ausgebreiteten Flügeln und großen, schwarzen Augen schmücken das Gewölbe des Gotteshauses Debre Berhan Selassi in Gondar.*

von Yemrehanna Krestos – beide liegen in den Höhlen oberhalb von Lalibela.

Jede Wiederentdeckung wurde von Roger Sauter in Genf sorgsam registriert. Zu Gersters und Sauters Zeiten brauchte man für die Suche nach den Felsenkirchen noch besondere Genehmigungen, eine bewaffnete Eskorte für bestimmte Strecken und eine gute Ausrüstung. Auch heute führen solche Expeditionen zum Teil durch abgelegene und großartige Naturgebiete.

Amharen

Die Kirche bestimmt das Leben

Nirgendwo in Äthiopien wird die biblische Prägung des Alltagslebens der amharischen Bevölkerung deutlicher als in Lalibela. Eine große Anzahl der runden, strohgedeckten Häuser wird von Priestern bewohnt. Zur Gebetsstunde am Abend versammeln sich die Dorfbewohner am Rand der Gräben, welche die Kirchen umgeben. Das typische Geräusch der Trommeln und Sistren – eine Art altägyptischer Rasseln – ertönt aus den unterirdischen Kirchen bis spät in die Nacht hinein.

Die Taufe der amharischen Kinder ist eine äußerst komplexe Zeremonie, bei der die Anwesenheit mehrerer Priester erforderlich ist. Das Kind erhält den Namen, der im

▶ *Gondar – vom 17. bis zum 19. Jh. Hauptstadt Äthiopiens – besitzt eine Reihe zinnengekrönter Schlösser, die wie Festungen aussehen. Die für Äthiopien ungewöhnlichen Bauformen haben ihre Wurzeln vermutlich in Südarabien.*

▲ *Wandermaler aus Gondar haben die Wände der auf den Inseln des Tanasees (Nordwestäthiopien) errichteten Klosterkirchen mit farbenprächtigen Fresken geschmückt (Kloster Wura Kidanie auf der Insel Zeghe).*

Synaxorion, dem Sammelwerk über das Leben der Heiligen, am Tag der Tauffeier eingetragen ist. Es bekommt eine Kette um den Hals gelegt, an der ein kleines, silbernes Kreuz hängt, das es sein Leben lang tragen wird. Es gibt elf verschiedene Arten von Kreuzen mit den unterschiedlichsten Formen, wie beispielsweise das breitarmige, das lateinische, das griechische mit Flechtwerk, das an die irischen Miniaturen des späten Mittelalters erinnert, oder das wie ein Davidstern geformte Kreuz. Das Kind wird beschnitten und bekommt einen Beichtvater zugewiesen. Schließlich wird es in die Kirche gebracht, damit es zum ersten und möglicherweise auch zum letzten Mal die heilige Kommunion empfängt. Nur Priester und einige wenige andere Persönlichkeiten dürfen in regelmäßigen Abständen zur Kommunion gehen.

Während der Ablauf der Taufzeremonie genau geregelt ist, gibt es verschiedene Möglichkeiten der Eheschließung. Obwohl es möglich ist, kirchlich zu heiraten, begnügen sich die meisten Paare mit einer standesamtlichen Trauung. Die Ehe kann sehr leicht wieder geschieden werden. Die während der gemeinsam verbrachten Zeit erwirtschafteten Güter werden je zur Hälfte zwischen den Eheleuten geteilt. Das Sorgerecht für die Kinder wird ebenfalls auf beide Partner übertragen.

In Ausnahmefällen ist allerdings auch der Abschluß von weniger straffen Eheverträgen erlaubt. Soldaten dürfen widerrufbare Verträge abschließen, welche die Teilung der während des gemeinsamen Lebens erworbenen Güter ausschließen.

Diese Freizügigkeit gilt allerdings nicht für den Klerus. Am Ende ihres Studiums werden die zukünftigen Priester vom Abuna zu Diakonen geweiht. Nun sollen sie gemäß den Regeln eines genau festgelegten Vertrags eine Ehe schließen, die 40 Tage nach der Hochzeit für unauflösbar erklärt wird. Erst wenn die Diakone nach einigen Jahren zu Priestern geweiht werden, dürfen sie das Allerheiligste betreten und Gottesdienste abhalten. Eine wesentliche Rolle bei diesen Zeremonien spielen die *Tabots*. Diese Tafeln aus Holz oder Stein sind mit eingravierten Verzierungen und einer Inschrift versehen. Sie verkörpern die Gesetzestafeln, die sich in der Bundeslade in Aksum befinden sollen.

Das Maskalfest

Der heilige Tanz der Dabtaras

Das von der Religion geprägte Leben der Amharen wird von Feierlichkeiten umrahmt, die mit großer Hingabe begangen werden. Das Maskalfest verdankt seinen Namen der gelben Margerite, die nach den Monsunregenfällen den Frühling ankündigt. Es erinnert an die Auffindung des „Wahren Kreuzes". Zu dem Fest gehört der heilige Tanz der Dabtaras, die einen besonderen Platz in der kirchlichen Hierarchie einneh-

▶ *Im 1860 m hoch gelegenen Tanasee liegen etwa 40 Inseln verstreut.*

▲ *Zahlreiche Kirchen – hier das Wassertor vor der Rundkirche Nargha Selassi – verbergen sich in der üppigen Vegetation der Inseln des Tanasees. Fortbewegungsmittel sind die* Tanquas, *aus Papyrus gefertigte Boote.*

men: Nicht Priester, sondern Schriftgelehrte bewahren das Wissen. Während des Festes tragen sie einen Turban auf dem Kopf und sind mit einem Meßgewand bekleidet.

Mit ebenso großer Hingabe werden die Tabots in einer Prozession herumgetragen, wird ein rituelles Bad genommen, ein Scheiterhaufen aus Eukalyptusholz in Brand gesteckt und die Ankunft Christi in Jerusalem dargestellt. Alle tragen die weißen *Chaamas*, die nationale Tracht. Nur die Priester sind mit prachtvollen, samtenen und mit Gold- und Silberfäden bestickten Mänteln bekleidet. Farbenprächtige Sonnenschirme sowie prunkvolle Prozessionskreuze – wunderbare Beispiele der Goldschmiedekunst – vervollständigen das Bild.

Kontakte zu Portugal

Das wiedergefundene Äthiopien

Die christliche Enklave im äthiopischen Hochland war im Mittelalter unter dem Namen „Reich des Priesterkönigs Johannes" wieder aus dem Dunkel aufgetaucht und weckte große Hoffnungen im Abendland. Nach dem Untergang von Edessa (Mesopotamien) im Jahr 1144 war eine Legende über einen gewissen Priester Johannes entstanden. In der Chronik des Bischofs Otto von Freising wird von einem mächtigen christlichen Fürsten dieses Namens berichtet. Der Erbe der Heiligen Drei Könige sollte Herrscher eines christlichen Staates sein, der die Moslems zurückwerfen würde. Man suchte ihn unter den Mongolen, doch abgesehen von einigen in den Steppen isolierten Nesto-

▲ *Die Arusi, ein Gallastamm im Süden Äthiopiens, richten seit langer Zeit an den Gräbern ihrer Häuptlinge Stelen auf, die mit eingeritzten Zeichnungen geschmückt sind. Schwierig ist es, alte Monolithe von neueren Grabsteinen zu unterscheiden.*

rianern lebten keine Christen in dieser Gegend. Sodann glaubte man, das Reich des Priesters Johannes im Land jenseits Nubiens erkannt zu haben. Lange Zeit scheiterten jedoch alle Versuche, Äthiopien zu erreichen, und der legendäre Priester Johannes wurde nie gefunden.

Etwa im 15. Jh., zur Zeit der großen Entdeckungen, gelangten u. a. durch die Reiseberichte des Italieners Pietro Ranzano Informationen vom wiedergefundenen Äthiopien nach Europa. Weiteres erfuhr man im Jahr 1441, als zwei äthiopische Mönche zum Konzil nach Florenz kamen. Berühmt wurde jedoch erst die Reisebeschreibung von Francisco Álvarez.

Der Geistliche lieferte ausführliche Berichte über das geheimnisvolle Land, das durch Kriege der Feudalherren untereinander, durch Bauernaufstände und Kämpfe gegen die islamischen Sultane an der Küste zerrüttet wurde. Seine Aufzeichnungen ergänzte der portugiesische Kaplan durch wertvolle Informationen seines Landsmannes Pedro de Covilhão. Dieser war kurze Zeit vorher vom portugiesischen König Johann II. (1481–1495) nach Äthiopien geschickt worden, um den einträglichen Gewürzhandel, dem Venedig einen Teil seines Reichtums verdankte, zugunsten seines Heimatlandes umzuleiten. Covilhão wurde vom äthiopischen Herrscher Lebna Denguel „zurückgehalten" und heiratete eine einheimische Frau.

Kampf gegen den Islam

Die Schlacht am Tanasee

Auch Álvarez und seine Reisegefährten wären möglicherweise von Lebna Denguel gezwungen worden, in Äthiopien zu bleiben; die Bedrohung seines Reiches durch Moslems bewegte den Herrscher jedoch zu einer vorsichtigen Haltung gegenüber den Gesandten, denen er freies Geleit zusicherte. Ein Allianzvertrag mit Portugal kam allerdings nicht zustande, so daß sich die äthiopischen Christen den Angriffen des moslemischen Emirs Mohammed Granj ohne portugiesische Hilfe erwehren mußten. Ab 1527 verwüsteten Granjs Krieger etwa 15 Jahre lang große Teile des Reiches und zerstörten im Jahr 1534 auch Aksum.

Angesichts des drohenden Untergangs seines Reiches versuchte Lebna Denguel erneut, Kontakte mit Europa zu knüpfen. Er starb jedoch noch vor der Landung der Portugiesen in Massaua (1541). Die ursprünglich 400 Mann starke Hilfstruppe unter der Führung von Christoforo da Gama – dem Sohn Vasco da Gamas – die bei der Schlacht von Ouaina-Dega am Tanasee im Jahr 1543 nur noch 200 Soldaten zählte, konnte gemeinsam mit den Äthiopiern die moslemischen Truppen in die Flucht schlagen. Da Gama wurde während des Kampfes getötet; der moslemische Emir soll noch auf dem Schlachtfeld Selbstmord begangen haben.

Schon im Jahr 1557 erlitten die Äthiopier jedoch eine entscheidende Niederlage im Kampf gegen den vorrückenden Islam. Die Türken besetzten Massaua und die Küsten des Golfs von Aden, wodurch den äthiopischen Christen jeglicher Zugang zum Meer verwehrt war.

Gondar

Eine alte Königsresidenz

Im Jahr 1633 wurden die in Äthiopien ansässigen Jesuiten, denen der Aufenthalt als Dank für die portugiesische Hilfe gestattet worden war, des Landes verwiesen. Die Tätigkeit der Jesuiten war in Äthiopien auf unterschiedliche Resonanz gestoßen. Sie wollten eine neue Ordnung in den Klerus bringen, die Gläubigen nochmals taufen und die traditionellen äthiopischen Rituale, wie beispielsweise die Beschneidung und den Gebrauch des Gees als liturgische Sprache, abschaffen. Der äthiopische Herrscher Susenyus trat zum Katholizismus über und versuchte, seinen neuen Glauben auch bei der Bevölkerung durchzusetzen. Ein blutiger Religionskrieg verfeindete daraufhin Klerus und kaiserliche Familie; Tausende von Menschen starben während der Auseinandersetzungen. Kaiser Susenyus dankte im Jahr 1632 zugunsten seines Sohnes Fasilidas (1632–1667) ab. Dieser war dem alten Glauben treu geblieben, brach alle Beziehungen zu Rom ab und verwies die Missio-

▲ *Die Arusi bekennen sich zum Islam, der die Darstellung von Lebewesen verbietet. Dennoch schmücken sie manche Grabmale mit Statuen von Verstorbenen, die sich durch besonderen Mut ausgezeichnet haben.*

nare des Landes. Die Jesuiten hatten zwar ein neues Bildungssystem entwickelt, der Baukunst neue Impulse gegeben und als Wissenschaftler Beachtliches geleistet – ihr großer Fehler jedoch war es, sich in die inneren Angelegenheiten des Landes eingemischt und mit ihrer Intoleranz die tiefe Gläubigkeit der äthiopischen Bevölkerung verletzt zu haben.

„Die Hauptstadt ist da, wo der Negus sein Zelt aufschlägt", schrieb einst ein portugiesischer Reisender. In der ersten Hälfte des 17. Jh. ließ Kaiser Fasilidas das etwa 60 km nördlich des Tanasees gelegene Gondar zur Residenzstadt ausbauen. Zelte wurden hier allerdings nicht errichtet; statt dessen entstanden zahlreiche Kirchen und Paläste. In der Stadt, die über 200 Jahre Zentrum des Reiches war, lebten die Herrscher in prachtvoll geschmückten Wohnstätten, die mit Spiegeln und Möbeln aus Elfenbein ausgestattet waren.

Die Hauptstadt des Kaisers Fasilidas und seiner Nachfolger war einst Sperrgebiet für Europäer. Während der 80er Jahre wurde die Umgebung von Gonfar zu einem Krisengebiet, in dem verschiedene Befreiungsbe-

▲ *In Mekele (Nordostäthiopien) spinnen, färben und verweben die Frauen Baumwolle noch von Hand.*

wegungen die inzwischen gestürzte Militärregierung bekämpften, heute gelten die mal mehr, mal weniger baufälligen Paläste wieder als touristische Attraktionen. Obwohl die Bauwerke erst nach Ausweisung der Portugiesen entstanden, fällt die portugiesische Prägung der Gebäude ins Auge. Zinnengekrönte Mauern, zuckerhutförmige Türme, Türen und Fenster mit Rundbögen und Holzbalkons erinnern an die portugiesische Architektur des 15. und 16. Jh., ohne jedoch die Üppigkeit des manuelinischen Stils aufzuweisen.

Im Osten des Tanasees erhebt sich inmitten eines Kraters die Amba Wahni, eine mächtige, menhirförmige Felsspitze. Dieser Ort war so schwer erreichbar, daß die Kaiser im 16. Jh. dort die Schätze des Reiches verborgen hielten, um sie vor den Moslems zu retten.

Fluchtklöster im Tanasee

Die Wandmalereien von Gondar

Im Tanasee, der ungefähr viermal größer ist als der Genfer See, liegen etwa 40 Inseln, die durch eine üppige Vegetation gekennzeichnet sind. Bis zum Ende des 18. Jh. zog sich

▶ *Dank der Nähe zum Äquator sind die Berge Äthiopiens selbst in sehr hohen Lagen ganzjährig bewohnbar.*

▶ ▶ Tisisat, *„Rauch ohne Feuer", tauften die Einheimischen treffend die Wasserfälle des Flusses Abbay. Etwa 40 km südlich des Tanasees stürzt der Blaue Nil 45 m in die Tiefe.*

▲ *Die südwestlich von Addis Abeba lebenden Gurage flechten das Dach ihrer Häuser wie einen riesigen Korb, drehen es anschließend um und stülpen es über den zylinderförmigen Korpus des Bauwerks.*

der Hof in Zeiten der Gefahr mit allen Wertgegenständen, Archiven und Handschriften auf sie zurück. Einige der Kirchen und Klöster auf den Inseln des Sees beherbergen die Grabstätten von Königen und Königinnen.

Nachdem die Wandmalereien der Paläste von Gondar verblaßt sind, die Ende des 18. Jh. den Schotten Bruce, einen der Begründer der neuen Afrikaforschung, begeistert hatten, bleiben die Fresken der Kirchen des Tanasees die letzten Relikte der Schule von Gondar. Die Malereien beweisen, daß trotz der langen Isolierung Äthiopiens neue Einflüsse die alten armenischen und syrischen Kunstrichtungen des 11. und 12. Jh. überlagert hatten. Die archaischen Werke zeichnen sich durch eine ausgeprägte Vereinfachung der Figuren aus. Auffällig ist die für Europäer oftmals überraschende Interpretation einiger biblischer Themen. Eine noch heute in Äthiopien verbreitete Darstellung der Kreuzigung zeigt nicht Christus, sondern ein gekreuzigtes Lamm. Motive aus der Spätzeit der ägyptischen Kunst, die von den Kopten übernommen wurden, zieren Pergamente. Auffällig ist die Übereinstimmung der Farben: Rot für die Kleidung des heiligen Theodorus und Weiß für das Pferd des heiligen Georg. Auch europäische Einflüsse sind spürbar. Ein portugiesischer Maler und italienische Künstler hatten sich im Lauf des 15. Jh. einige Zeit in Äthiopien aufgehalten. Auf zahlreichen Madonnenbildern, die danach entstanden, erscheinen die Erzengel Gabriel und Michael. Aus dem 17. Jh. stammt ein Bild der Jungfrau Maria mit dem Jesuskind auf dem Arm. Die Übereinstimmung der Darstellung mit der Madonna von Santa Maria Maggiore in Rom erregte großes Aufsehen.

Die Bilderzyklen erfordern eine bestimmte Reihenfolge der Betrachtung, die immer an der Ostwand der Kirchen beginnt. Dort findet man die lange Prozession der Patriarchen und Propheten sowie die Darstellung von Szenen aus dem Alten Testament, die einen Bezug zum Neuen Testament haben. Beispiele hierfür sind die Abbildungen von Daniel in der Löwengrube oder von Jonas im Bauch des Wals. Die Südwand ist mit Szenen aus dem Leben Jesu, mit der Wiederkehr Christi beim Jüngsten Gericht und mit Bildnissen der Apostel geschmückt. Die Westwand zeigt für besonders wichtig gehaltene Ereignisse, z. B. die Krönung der Jungfrau Maria oder die Prozession der örtlichen Heiligen, bei welcher der heilige Georg nicht fehlen darf.

Die Bilderreihen der Schule von Gondar können als „aufgeschlagene Bücher" zur Unterrichtung der Gläubigen verstanden werden. Ausgeführt wurden sie von Wandermalern. Leider sind zahlreiche Abbildungen mehrmals übermalt worden. Auch heute kommt es noch vor, daß auf diese Weise Wandmalereien aus dem 16. oder 17. Jh. ruiniert werden, während eine sachgemäße Restaurierung deren Schönheit bewahrt hätte. Ein Grund für diese Nachlässigkeit liegt darin, daß die Mönche dem ästhetischen Wert der Gemälde keine Bedeutung zumessen; für sie gilt nur der erzieherische Aspekt.

Die Galla

Invasion auf Raten

Nachdem sich die christlichen Herrscher mit portugiesischer Unterstützung gegen die moslemischen Krieger unter Führung Mohammed Granjs durchgesetzt hatten, sahen sie sich mit einem neuen Gegner konfrontiert: den nomadisierenden Galla, die sich selbst Oromo nennen.

▲ *Das Wasserholen ist überaus anstrengend, da viele Dörfer sehr hoch liegen und die Wasserstellen sich häufig im Tal befinden.*

Die Frage nach der Herkunft dieser Eroberer, die im 16. Jh. in das Land eindrangen, wurde lange Zeit erörtert, ohne daß die Wissenschaftler vollkommene Übereinstimmung erzielen konnten. Ein Teil der Forscher sind der Ansicht, daß sie aus Südarabien kamen, um sich in der Region um den Turkanasee niederzulassen; andere vermuten ihren Ursprung in dieser Gegend. Als einigermaßen sicher gilt jedoch, daß sie erst das östliche Plateau, das von den Somal bewohnt war, dann das südliche in der Gegend von Harar eroberten und sich schließlich nach Norden ausbreiteten. Die Amharen sahen sich zum Rückzug in das Gebiet der heutigen Provinzen Godjam und Begemder gezwungen.

Die Galla kamen in aufeinanderfolgenden Wellen nach Äthiopien; jede neue Gruppe drang weiter in das Land ein. So erklärt sich die facettenreiche Bevölkerungsstruktur der Galla, die in zahlreiche Stämme aufgeteilt sind.

Im Lauf der Jahrhunderte gelang den Amharen jedoch die Eingliederung der Galla. Diese wurden seßhaft und vermischten sich teilweise mit der amharischen Bevölkerung. So heiratete beispielsweise König Yassou II. Mitte des 18. Jh. eine Galla. Menilek II. (1889–1913) rekrutierte im 19. Jh. aus dem

▲ *In Harar, das seit Jahrhunderten eine Festung des Islam ist, befinden sich fast 100 Moscheen und Minarette, von denen aus der Muezzin die Gläubigen fünfmal täglich zum Gebet aufruft. Auf den malerischen Plätzen vor den Heiligtümern bieten Frauen Gemüse und exotische Gewürze feil.*

Adel der Galla Generäle für seine Eroberungszüge.

Haile Selassie, der letzte Herrscher der Salomonischen Dynastie, setzte die von seinem Vorgänger begonnene Eingliederungspolitik fort, indem er amharische Prinzessinnen mit Gallafürsten vermählen ließ. Dennoch wäre er 1960 bei einem hauptsächlich von Galla geführten Putsch fast gestürzt worden. Heute sind die Galla, welche die größte Volksgruppe in Äthiopien stellen, vollständig in das politische Leben integriert. Sie sind in der Armee ebenso anzutreffen wie in Diplomatie und Verwaltung.

Kirchliche Traditionen

Sechs Monate fasten

Ungeachtet der Tatsache, daß ihre materiellen Mittel von Haile Selassie stark reduziert wurden, erscheint die äthiopische Kirche, die bis in das Jahr 1974 Staatskirche war, heute mehr denn je als eine Festung der Tradition. Der letzte Kaiser hatte ihr das Recht auf das Erheben von Steuern abgesprochen. Nach und nach mußte sie ihre riesigen Ländereien (etwa 20 % der Landesfläche) aufgeben und damit auf die Einkünfte verzichten, die an diesen Besitz gebunden waren. Die Begrenzung des kirchlichen Einflusses betraf auch die Festlegung der Feiertage, von denen es insgesamt 229 gab. Nach wie vor von großer Bedeutung sind jedoch die für die äthiopischen Christen überaus wichtigen Fastengebote.

Die strengste unter diesen Regeln betrifft die vorösterliche Fastenzeit. Nicht nur der Verzehr von Fleisch, sondern auch der von Milch, Käse und Eiern ist in dieser Zeit verboten. Babys, Kleinkinder und Schwangere sind jedoch von dieser Regelung ausgenommen. Für die Gläubigen ist es außerdem an 165 Vormittagen im Jahr verboten, Nahrung zu sich zu nehmen.

Volkskunst

Ein Gefühl von Ewigkeit

Auf den von Volkskünstlern geschaffenen Leinwandgemälden, die in Äthiopien sehr populär sind, werden neben der altbekannten Liebesgeschichte der Königin von Saba und des Königs Salomo vor allem zahlreiche Szenen aus dem Alltagsleben geschildert: Männer bei der Feldarbeit oder Frauen, die im Schatten runder, strohgedeckter Kirchen spinnen. Die allgegenwärtigen Priester, die zumeist lesend dargestellt werden, sitzen unter Sonnenschirmen, die von Mönchen getragen werden.

▲ *In den schmalen Gäßchen von Harar treffen sich farbenprächtig gekleidete Frauen zu fröhlichem, lautstarkem Disput.*

Historische Ereignisse, die ausgiebig dargestellt werden, spiegeln selbst in den gewalttätigsten Details die gleiche Naivität wider. Eine Bilderserie, die heute leider nicht mehr verkauft wird, zeigte Palastszenen zur Zeit der Kaiser: Zu sehen sind u.a. Empfänge von Botschaftern, eine devote Abordnung von Ratsherren, ein Verurteilter, der mit dem Säbel zerstückelt wird, und eine Fehde zwischen verfeindeten Adligen.

◀ *Die moslemischen Frauen von Harar sind nicht verschleiert und tragen – eine Ausnahme in der islamischen Welt – Blumen im Haar.*

Addis Abeba und Harar

Die „Neue Blume" und das „Herz des Islam"

Unter der Herrschaft Menileks II. wurde das im Süden des Äthiopischen Hochlandes gelegene Addis Abeba, die „Neue Blume", ab 1896 Hauptstadt des Landes. Addis Abeba wirkt trotz seiner etwa 1,4 Mio. Einwohner wie ein riesiges, in Eukalyptushaine eingebettetes Dorf, in dem die modernen Beton- und Stahlbauten sich wie Fremdkörper ausnehmen. Eines dieser Gebäude ist die Africa Hall, die 1963 Schauplatz der Gründung der Organisation für Afrikanische Einheit war. Bis vor kurzem stand vor dem internationalen Konferenz- und Verwaltungszentrum auf steinernem Sockel eine Figur des damaligen Regierungschefs Mengistu Haile Mariams. Nach dessen Flucht zerstörten aufgebrachte Menschen die Statue.

Unbeeindruckt von allen Wirren pulsiert das öffentliche Leben auf Afrikas größtem Marktplatz. Der *Mercato* ist Kommunikations- und Handelszentrum; täglich bevölkern ihn Tausende von Menschen, die verschiedensten Stämmen angehören. Im Jahr 1896 wurde der Friede von Addis Abeba geschlossen, in dem die Italiener die Unabhängigkeit Äthiopiens anerkannten. 1881 hatten sie die Küstenprovinz Eritrea besetzt, die sie 1890 zu ihrer Kolonie machten. Sechs Jahre später unterlagen sie im nordöstlich von Aksum gelegenen Adua einem äthiopischen Heer unter Führung Menileks II. und mußten ihre kolonialen Träume begraben.

Harar ist eine außergewöhnliche Erscheinung unter den äthiopischen Städten – die etwa 300 km östlich von Addis Abeba gele-

▲ *Hunderte von Vogelarten, von denen einige nur in Äthiopien vorkommen, bevölkern die flachen Gewässer des südlich von Addis Abeba gelegenen Abayitasees.*

gene Metropole ist das Zentrum des Islam in Äthiopien. Von den mehr als 60 000 Einwohnern Harars sind über die Hälfte Moslems, die zunehmend an Einfluß gewinnen. Die Stadt war viele Jahrhunderte lang eine moslemische Festung gegen die christliche

Übermacht; der berühmt-berüchtigte Emir Granj war im 16. Jh. Herrscher von Harar. Noch heute zählt der Ort nach Mekka, Me-

▲ *Vor allem während der Trockenzeit ist Wasser im Süden Äthiopiens Mangelware. Die Nyangatom müssen sehr tief graben, um auf Wasser zu stoßen, mit dem sie ihre Viehherden tränken können.*

dina und Jerusalem zu den heiligen Städten des Islam.

Vom Gipfel des Hügels, auf dem das Mausoleum des Ras Makonnen, des Vaters des letzten Kaisers, steht, ist die Stadt, die von den zwei schlichten Minaretts der Djumamoschee beherrscht wird, von ockerfarbener, kahler Erde oder von grünen Grasflächen umgeben. Eine viele Jahrhunderte alte, von fünf Toren unterbrochene Mauer umschließt die Altstadt. Obwohl Harar im 7. Jh. gegründet wurde, stammen die ältesten erhalten Gebäude aus dem 15. Jh. Interessant sind vor allem die orientalischen Stadtteile: weiße Häuser, die sich um Innenhöfe gruppieren – eine ansonsten in Äthiopien unbekannte Bauweise –, verwinkelte Gassen, kleine Plätze und zwei große Märkte, ein moslemischer und ein christlicher, voll von Lärm und den für europäische Nasen so fremden Gerüchen Afrikas.

Vergessene Völker

Die Hölle der Salzwüste

Erst zu Beginn dieses Jahrhunderts wurden in Europa die Kunama und die Yambo bekannt, nilotische Stämme, die in Westäthiopien am Baro leben. Sie weisen eine straffe Sozialstruktur auf, kennen aber keine Rechtsprechung. Lange unbekannt waren auch die Nyangatom am Unterlauf des Omo, die als eine Gesellschaft von Menschen beschrieben wurden, die sich noch am Rand der Steinzeit befindet.

Sehr wenig weiß man auch vom Volk der Falascha, die vor allem nördlich des Tanasees lebten, bis Mitte der 80er Jahre des 20. Jh. ihre Heimat zu einem Krisengebiet wurde und viele von ihnen nach Israel gingen. Die Felascha gehören zu einem äthiopischen Stamm und sind ihrem Selbstverständnis nach Juden.

Das Nomadenvolk der Danakil, die sich selbst Afar, die „Freien" nennen, lebt in einer menschenfeindlichen Wüstenregion im Nordosten Äthiopiens. Das Danakiltiefland liegt zum großen Teil bis zu 120 m unter dem Meeresspiegel und bildet eine Senke von 150 000 km²; Temperaturen, die in der Sonne bis zu 100 °C erreichen, machen es zu einer der heißesten Gegenden unserer Erde. Vor über 10 000 Jahren war das Gebiet wahrscheinlich noch ein Teil des Roten Meeres. Erstmals durchquerten der Engländer Nesbitt und zwei Italiener 1928 die Wüste. In einem als Buch veröffentlichten Reisebericht schildert Nesbitt den tragischen Verlauf der Expedition, bei der drei der insgesamt 15 amharischen Begleiter der Europäer von den Danakil getötet wurden. 1934 konnte der Forscher W. Thesiger den Lauf des Flusses Awash bestimmen, dessen karge Auen das Futter für die Herden der etwa 200 000 Danakil liefern.

Ungeachtet der für die Menschen schwierigen Lebensbedingungen ist die Danakilsenke eine eindrucksvolle Naturlandschaft: nacktes braunes Gestein, aktive Vulkane, heiße, von Eisenoxiden rotgefärbte Quellen sowie Felsspitzen und Salzsäulen kennzeichnen die Region. In der flimmernden Salztonebene arbeiten die Danakil unter extremen Bedingungen. Mit Hacken und Bohrern brechen sie Salzblöcke aus dem Boden heraus. Das so abgebaute Salz wird von Karawanen abtransportiert, die aus Tausenden von Kamelen und Mauleseln bestehen.

▲ *Asmara, die im nördlichen Äthiopischen Hochland gelegene Hauptstadt des jungen Staates, beherbergt rund 350 000 Einwohner.*

Eritrea

Nach fast 30jährigem Kampf gegen die äthiopischen Regierungstruppen hat die kleine Wüstenrepublik 1993 die staatliche Souveränität erlangt. Mit der Hoffnung auf Fortdauer des Friedens verbindet sich der optimistische Blick in eine bessere Zukunft.

Am 24. 5. 1993 wird in der Hauptstadt Asmara die Republik Eritrea ausgerufen; das kleine, an Sudan, Äthiopien, Dschibuti und das Rote Meer grenzende Land ist seither der 52. unabhängige Staat auf dem afrikanischen Kontinent. Diesem denkwürdigen Tag gingen jahrzehntelange, erbitterte Auseinandersetzungen mit dem südlichen Nachbarn Äthiopien voraus, dem Eritrea seit 1962 als Provinz eingegliedert war.

Mit Äthiopien schon seit frühesten Zeiten eng verbunden, hat das Land vor allem in den letzten 100 Jahren eine wechselvolle Geschichte erlebt. 1890 machten es die Italiener zu ihrer Kolonie, und Mitte der 40er Jahre drangen die Truppen des faschistischen Italien von hier aus nach Äthiopien ein. Im Jahr 1941 wurde Eritrea von englischen Soldaten erobert und elf Jahre später im Rahmen einer Föderation mit Äthiopien zusammengeschlossen.

Seitdem Eritrea äthiopische Provinz war, gab es Bestrebungen separatistischer Kräfte, einen unabhängigen Staat zu bilden. Als solche Forderungen immer entschiedener vorgetragen wurden, reagierte die äthiopische Regierung mit Unterdrückungsmaßnahmen und militärischer Gewalt. Der Sturz der marxistischen Einheitspartei in Äthiopien führte schließlich zum Ende der Auseinandersetzungen, und im April des Jahres 1993 stimmten über 98% der Eritreer für die Unabhängigkeit ihres Landes. Hauptsiedlungsgebiet ist das Äthiopische Hochland, wo ein Großteil der rund 3,5 Mio. Einwohner Eritreas lebt.

▲ *Am Ausgang des Roten Meeres liegt die Landeshauptstadt Dschibuti, über deren modern ausgebauten Tiefwasserhafen der bei weitem größte Teil des Außenhandels abgewickelt wird.*

Dschibuti

Die strategisch günstige Lage an der zwischen dem Roten Meer und dem Golf von Aden gelegenen Meerenge Bab el Mandeb ist der einzige Reichtum des Wüstenstaates, dessen Sicherheit lange durch Gebietsansprüche der Nachbarländer Somalia und Äthiopien bedroht war.

DSCHIBUTI, das ehemalige Französische Territorium der Afar und Issa, wurde 1977 zu einer unabhängigen Republik, nachdem es fast 100 Jahre lang eine französische Überseekolonie gewesen war. Die Bevölkerung setzt sich aus zwei Hauptstämmen zusammen: Im Norden des Landes leben die Afar, die mit den äthiopischen Danakil verwandt sind; der Süden des Landes wird von den Issa bewohnt, die der Volksgruppe der Somal zugerechnet werden. Zwischen beiden Stämmen gibt es trotz der gemeinsamen islamischen Religion erhebliche ethnische Spannungen. Beide Bevölkerungsgruppen führen ein nomadisches Leben als Hirten von Schafen und Ziegen.

Die Landschaft besteht fast ausschließlich aus Halbwüsten und Wüsten, Vulkanen und kahlen Basaltbergen; die Danakilberge, welche die nördliche Grenze zu Äthiopien bilden, erreichen mehr als 2000 m Höhe. In abflußlosen Senken parallel zum Roten Meer liegen Salzseen. Mit Durchschnittstemperaturen um 30 °C gehört Dschibuti zu den heißesten Regionen der Erde, häufig steigt das Thermometer auf über 40 °C an. Trotz der geringen Bevölkerungszahl des Landes (452 000 Einwohner) gibt es zu wenig Ackerfläche, um ausreichende Mengen an Nahrungsmitteln zu produzieren.

Die Stadt Dschibuti (65 000 Einwohner) ist wichtiger Umschlaghafen für den Weitertransport von Gütern nach Äthiopien. Auch als Zwischenhafen auf der Seeroute vom Roten Meer zum Indischen Ozean kommt Dschibuti große Bedeutung zu.

▲ *Die an der Ostküste Somalias gelegene Hauptstadt Mogadischu geht auf eine im 10. Jh. gegründete arabisch-persische Handelsniederlassung zurück. Der Bürgerkrieg hat das Gesicht der islamisch geprägten Stadt vollständig verändert.*

Somalia

Nach dem Ende einer langjährigen Diktatur versank das östlichste Land Afrikas in unvorstellbarem Chaos. Ein blutiger Bürgerkrieg hat die Bevölkerung in unversöhnliche Lager gespalten.

SCHON vor über 1000 Jahren ließen sich arabische und persische Händler an der Küste Somalias nieder und bekehrten die Bevölkerung zum Islam. Um die Wende vom 19. zum 20. Jh. wurde das Land am Horn von Afrika zum Streitobjekt der Kolonialmächte. England besetzte den Norden und Italien den Süden Somalias. Im Jahr 1960 erlangten beide Landesteile die Unabhängigkeit und vereinigten sich zur Republik, die 1969 nach einem Militärputsch marxistische Prägung erhielt.

Heute steht Somalia vor einer schweren Zerreißprobe, da sich rivalisierende Rebellentruppen nach dem Sturz des Diktators Barre unversöhnlich gegenüberstehen. 1991 erklärte eine der verfeindeten Gruppierungen den Norden des Landes zur unabhängigen – international aber nicht anerkannten – Republik. Der Versuch der UNO, den Konflikt zu lösen, blieb trotz über zweijähriger militärischer Präsenz ergebnislos.

Über 40% der Einwohner des Landes führen ein nomadisches Leben mit riesigen Herden von Schafen, Ziegen und Kamelen. Viele Somalier sind jedoch inzwischen seßhaft geworden und suchen Arbeit in Städten oder in den arabischen Ölstaaten.

Die Landschaft Somalias weist vor allem weite, karge Plateaus mit Halbwüsten sowie Dornbusch- und Trockensavannen auf. Das nördliche Küstengebiet erhebt sich bis über 2000 m Höhe, im südlichen Teil folgt einem flachen Tiefland die Aufschüttungsebene der Flüsse Juba und Webbe Shibeli. Das Klima ist tropisch-trocken mit kurzen Regenzeiten.

▲ *Wie wahre Akrobaten klettern Fischer vom Stamm der Wagenia auf zerbrechlich wirkende Holzkonstruktionen, um ihre Reusen in die strudelnden Fluten des Flusses Zaire zu legen.*

Zaire

Gletschereis auf dem „Wolkenkönig", einzigartige Nationalparks mit den letzten Berggorillas, endlos erscheinende Regenwälder – Zaire zählt zu den schönsten und faszinierendsten Ländern des Schwarzen Kontinents.

Bis vor etwa 100 Jahren war das Gebiet des beiderseits des Äquators gelegenen Zaire für die meisten Menschen in Europa der Inbegriff des Schwarzen Kontinents. Erst im 19. Jh. drangen Europäer auf dem Kongo, dem mit 4320 km zweitlängsten Fluß Afrikas, in die Urwaldregionen des „finstersten Afrika" vor.

Der Staat Zaire umfaßt eine Fläche von 2 345 409 km² und ist damit etwa siebenmal größer als die Bundesrepublik Deutschland. Den Osten dieses riesigen Gebietes erkundete Mitte des 19. Jh. der berühmte Missionar und Afrikaforscher David Livingstone; der Journalist Henry Morton Stanley war 1876/77 der erste Europäer, der den Kongo bis zur Mündung in den Ozean befuhr. Zwischen den Jahren 1879 und 1884 schloß er im Auftrag des belgischen Monarchen Leopold II. (1865–1909) Protektoratsverträge mit rund 400 im Kongobecken ansässigen Stammeshäuptlingen. Das unter der Schutzherrschaft Leopolds stehende Gebiet wurde dem König 1884/85 auf der internationalen Kongokonferenz als persönliches Eigentum zugesprochen. 1908 trat Leopold das Protektorat an Belgien ab, das bis 1960 über die Kolonie Belgisch-Kongo herrschte.

Nach der Unabhängigkeitserklärung kam es immer wieder zu blutigen Unruhen, und auch nach der Verhaftung und Ermordung des zu jener Zeit amtierenden Ministerpräsidenten Lumumba im Jahr 1961 kam das Land nicht zur Ruhe. 1965 übernahm mit Unterstützung der Armee Generalleutnant Mobutu die Macht, die er trotz zunehmen-

▲ *Aus den wohlschmeckenden, bis zu 1,5 kg schweren Früchten des Papayabaums gewinnt man das Papain, ein Gemisch verschiedener eiweißspaltender Enzyme.*

der Widerstände gegen seinen undemokratischen Führungsstil länger als 25 Jahre zu behaupten wußte. In den ersten Jahren seiner Herrschaft betrieb Mobutu eine entschiedene Afrikanisierungspolitik – ausländisches Kapital wurde teilweise beschlagnahmt, und zahlreiche europäische Ortsnamen wichen afrikanischen Bezeichnungen. Seit dem Jahr 1971 heißt das Land daher nicht mehr Kongo, sondern Zaire.

Durch Korruption, Mißwirtschaft und Machtmißbrauch – Mobutu regierte Zaire wie eine Privatrepublik – geriet das Land jedoch bald in eine Krise; die oppositionellen Kräfte gewannen zunehmend an Einfluß, den Mobutu mit allen Mitteln zu begrenzen versuchte. Zukünftige Regierungen stehen vor der schweren Aufgabe, die Republik aus dem politischen und wirtschaftlichen Chaos zu führen.

Breiter Strom im Tropenwald

Der Zaire

Der zentrale Teil Zaires ist von tropischem Regenwald bedeckt; hohe Temperaturen und ausgiebige Regenfälle sind kennzeichnend für diese Region. Das schwer zugängliche Gebiet ist äußerst dünn besiedelt; die Böden – Sande und Laterite – sind nur wenig ergiebig. Die hier lebenden Stämme betreiben Wanderfeldbau – roden, anbauen, weiterziehen –, der ausschließlich der Eigenversorgung dient. Weniger als 3 % des gesamten Staatsgebiets werden landwirtschaftlich genutzt.

Oft fallen die starken äquatorialen Niederschläge mit solcher Wucht, daß sie ganze Gebiete verwüsten. Nicht selten sieht man vom Regensturm abgedeckte Hütten, zerstörte Straßen und Brücken sowie entwurzelte Bäume. Diese Niederschläge sammeln sich im Becken des Zaire, wie der Kongo seit 1971 im Staat Zaire genannt wird. Einst bedeckte ein Binnenmeer die riesige Fläche; als es austrocknete, blieben nur noch große Sumpfgebiete und einige Seen übrig, wie der Tumbasee oder der Mai-Ndombe-See, der einst den Namen Leopolds II. trug. In diesem ungeheuren Becken sammelt sich das Regenwasser in ungezählten kleinen Rinnsalen, die sich zu Bächen und Flüssen vereinigen und schließlich als gewaltiger Strom zum Meer führen. Etwas oberhalb der Hauptstadt Kinshasa, im ehemaligen Stanley-Pool, der jetzt Pool Malebo genannt wird, ist der Fluß 15 km breit. Sich wieder verengend, durchbricht er mit einer Reihe von Stromschnellen und auch Wasserfällen (Livingstonefälle) die Niederguineaschwelle, bevor er sich in den Atlantik ergießt. Nur der Amazonas führt noch mehr Wasser mit sich als der Zaire (30 000 m^3/s mittlere Wasserführung). In der zwischen Kinshasa und der Flußmündung gelegenen Stadt Inga arbeitet eines der leistungsfähigsten Wasserkraftwerke der Welt, das in seiner Endstufe das größte Afrikas sein wird. Von hier soll Energie bis in die 1900 km entfernte Kupferprovinz Shaba fließen, um die dortigen Fabriken mit Strom zu versorgen.

Nur sehr wenige Straßen, die außerdem während eines großen Teils des Jahres unpassierbar sind, führen durch das mit üppigem Tropenwald bedeckte Zairebecken. Der Laterit der Pisten verwandelt sich nach Regenfällen in glitschige Schlammbahnen, in denen Lastwagen und Landrover tief versinken. Bisher sind weniger als 20 % der Straßen in Zaire asphaltiert. Bis zu ihrem Ausbau bleiben die Wasserläufe die sichersten und billigsten Verkehrswege, um durch das Land zu reisen, schwere Güter zu transportieren oder Regionen zu erreichen, die ansonsten unzugänglich wären. Die Flüsse in Zaire bilden ein Transportnetz von über 14 000 km und erlauben den Schiffsreisenden, das Landesinnere kennenzulernen und engere Kontakte mit den zurückhaltenden, aber dennoch sympathischen einheimischen Mitreisenden zu knüpfen.

Kinshasa

Vom Dorf zur größten Stadt Zentralafrikas

Das Leben in der am linken Ufer des unteren Zaire gelegenen Hauptstadt Kinshasa (früher Léopoldville) wurde seit ihrer Entstehung vor allem durch den Fluß geprägt. Die von Stanley 1881 gegründete Niederlassung Léopoldville wurde 1923 mit dem we-

▲ *Virunga-Nationalpark: Das Fischerdorf Vitshumbi am südlichen Ende des Eduardsees ist ein Musterbeispiel für die friedliche Koexistenz von Mensch und Tier. Scharen von Pelikanen und stolzierenden Marabus bevölkern die Bootsanlegestelle des malerischen Ortes.*

nige Kilometer östlich liegenden Kinshasa vereinigt und zur Hauptstadt Belgisch-Kongos erhoben. Unter Mobutu griff man auf den afrikanischen Namen „Kinshasa" zurück. Stanleys Denkmal steht noch heute, die nach ihm benannte Stadt im Nordosten des Landes verlor jedoch im Jahr 1966 ebenfalls ihren Namen: Aus Stanleyville wurde Kisangani. Im Lauf der Zeit hat sich Kinshasa zur größten Stadt Zentralafrikas entwickelt, rund 3,7 Mio. Menschen leben heute in dieser Metropole, deren schnelle wirtschaftliche Entwicklung nach ihrer Gründung zahlreiche Landbewohner anzog.

In Kinshasa dösen alte Residenzviertel im Schatten blühender Flammenbäume; im Stadtzentrum erstreckt sich der Boulevard des 30. Juni mit Banken und Geschäften; nicht weit entfernt liegt der Palast der Nation. Abseits der Stadt befinden sich der prunkvolle Präsidentenpalast mit seinen großartig angelegten Gärten und ein zoologischer Garten, in dem zahlreiche einheimische Arten vertreten sind. Das eigentliche Herz von Kinshasa schlägt jedoch in den Vierteln, in denen die Kolonialzeit nur wenige Spuren hinterlassen hat. Man sollte

▲ *Die riesigen Halme der Zuckerrohrstaude, die auf den Märkten der Provinz Kivu angeboten werden, enthalten ein weißes, rohrzuckerhaltiges Mark. Beim Zerkauen der Halme wird ein wohlschmeckender Saft freigesetzt.*

durch die Einkaufsstraßen bummeln, auf denen zahlreiche kleine Handwerker – Schneider, Schmiede und viele geniale Bastler – ihren Berufen nachgehen. Hier gibt es auch die Clubs, eine Art Diskotheken, in denen die Einheimischen zu lautstarker afrokubanischer Musik tanzen.

Im Viertel „La Cité“ liegt der zentrale, vor allem in den Morgenstunden sehr belebte Markt. Angehörige aller Völker des Landes treffen hier zusammen – eine Sinfonie von Lärm, Farben und Gerüchen. Der Duft in Öl gebackener Krapfen mischt sich mit dem von getrocknetem Fisch. Auf dem Markt kann man neben Gemüse, Fleisch, Obst, Stoffen und Haushaltswaren auch so außergewöhnliche Dinge wie gebratene Affen oder lebende Raupen kaufen. Das bunte Angebot umfaßt alte, verrostete Nägel oder auch die Zutaten zur Herstellung von Amuletten, die böse Geister vertreiben sollen: pulverisiertes Gazellenhorn, Schlangenhaut, Rinde von Bäumen mit magischen Kräften und vieles mehr. Wohl auf Touristen zugeschnitten ist der „Elfenbeinmarkt“, auf dem allerlei Masken, Skulpturen, und Schmuckgegenstände angeboten werden.

Südwestlich von Kinshasa liegen einige lohnende Ausflugsziele, wie beispielsweise die Inkisifälle bei Zongo, der Botanische Garten von Inkisi-Kisantu und der Staudamm von Inga. Auf einer Straße, die dem Lauf des Zaire bis zu seiner Mündung in den Ozean folgt, erreicht man den Hafen von Matadi. Hier werden Schiffsfrachten aus aller Welt gelöscht. Erze sowie landwirtschaftliche Produkte treten von hier ihren Weg über die Weltmeere an.

Faszinierendes Kivu

Auf der Suche nach Gorillas

Im Osten des Landes, entlang der Landesgrenze zu Burundi, Ruanda und Uganda, erstreckt sich die Provinz Kivu. Ihr im westlichen Teil wenig abwechslungsreiches, mit tropischem Regenwald bedecktes Relief steigt langsam an und gipfelt schließlich an der Ostgrenze der Provinz im vulkanischen Virungagebirge. Diese Vulkankette gehört zur Zentralafrikanischen Schwelle, welche die Wasserscheide zwischen dem Zaire- und dem Nilbecken bildet. Entdeckungsreisen in das von geheimnisvollen Legenden umgebene Herz Afrikas bestätigten zahlreiche der jahrtausendealten Berichte über diese Region: Man fand hier das Mondgebirge und die Quellen des Nil, so wie es Ptolemäus (um 100 – nach 160), der letzte große Geograph des Altertums, in seiner berühmten *Geographia* vorausgesagt hatte. Man entdeckte die Pygmäen dort, „woselbst der Nil entspringt“, genauso wie es Aristoteles in seiner nicht minder bedeutenden *Historia animalium* berichtet hatte. Schließlich erblickte man auch die Feuerberge des großen Gongo, des bedeutendsten aller Geister, und die Virungavulkane im Dreiländereck von Uganda, Ruanda und Zaire.

◀ *Eine Frisur ganz besonderer Art: Farbenprächtige, an den Enden geflochtener Zöpfe befestigte Schmetterlinge schmücken das Haar einer jungen Frau.*

Der 1500 m hoch gelegene Kivusee, dem diese Region ihren Namen verdankt, bedeckt eine Fläche von 2650 km². Wegen der Höhenlage herrscht ein angenehmes Klima vor – die Luftfeuchtigkeit ist hier erheblich geringer als in den Ebenen und im tropischen Regenwald. Im Südwesten des Sees liegt die auf fünf Halbinseln errichtete Provinzhauptstadt Bukavu. Die von üppiger Vegetation umgebene Stadt ist Ferienort und wichtiger Ausgangspunkt zum Kahuzi-Biega-Nationalpark.

Das 600000 ha große Gelände des Parks liegt in einer Gebirgslandschaft, die Höhenunterschiede von etwa 1500 m aufweist. Der Park wurde nach den höchsten Gipfeln des Bergmassivs, dem 2790 m hohen Biega und dem 3308 m hohen Kahuzi, benannt. In Höhen über 3000 m wächst hier Bambus, die Leibspeise der Grauergorillas. Es ist der einzige Park der Welt, der die Gelegenheit bietet, diese Gorilla-Unterart in freier Wildbahn beobachten zu können. Die Begegnung mit den Gorillafamilien – es lebt etwa ein Dutzend Tiere unter der Leitung ihres Oberhauptes zusammen – wird von erfahrenen Führern organisiert. Sie wissen, wo sie die Gorillas finden können, da diese auf ihren Wegen deutliche Spuren hinterlassen. Die Annäherung durch den dichten Bergwald im Schutz des Bambus kann mehrere Stunden dauern. Der Führer folgt einem weiteren offiziellen Begleiter der Besuchergruppe, der mit seiner Machete den Weg bahnt. Oft hält er an, um auf typische Laute im Wald zu achten. Bald werden die Geräusche lauter und deutlicher, bis schließlich dunkle Gestalten inmitten der Vegetation erscheinen – die Gorillas!

Plötzlich ertönt ein dumpfes Geräusch, ähnlich dem einer Buschtrommel; der Patriarch der Affenfamilie schlägt sich auf die Brust und stößt einen durchdringenden Schrei aus. Welch ein beeindruckendes Schauspiel! Dann herrscht wieder Stille. Da niemand reagiert, versucht es der Gorilla mit einer anderen Form der Einschüchterung: Er geht scheinbar zum Angriff über. Mit offenem Rachen und gefletschten Zähnen stürzt er sich nach vorn – es ist nicht einfach, der Versuchung zu widerstehen, tatsächlich die Flucht zu ergreifen. Doch wenn sich niemand rührt, macht der Affe in zwei Metern Entfernung von der Gruppe halt ... und trollt sich von dannen.

▶ *Grüne Felder in einer fruchtbaren Hügellandschaft – ein Bild aus der vom Klima begünstigten Provinz Kivu, das den gängigen Vorstellungen von Äquatorialafrika vollständig widerspricht.*

▲ *Beschneidungsmaske der Yaka, eines Stammes aus dem im Süden von Zaire gelegenen Kasaigebiet: Das Gesicht wurde aus Holz geschnitzt, die Kopfbedeckung besteht aus einem Korbgeflecht, das mit bemaltem Stoff überzogen ist, und die üppige Haarpracht wird aus Raphiafasern gebildet.*

Virunga

Nyiragongo – Vulkan des Teufels

Nach solch einer ereignisreichen Expedition sollte man sich einen Ruhetag gönnen und mit dem Schiff den Kivusee überqueren. Es ist eine erholsame Reise, die von kurzen Zwischenstopps unterbrochen wird. Gewöhnlich verkehrt das Schiff regelmäßig, doch tut man gut daran, sich vorher zu vergewissern. Die Fahrt über den fischarmen See endet in Goma. Die etwa 100000 Einwohner zählende Stadt besitzt eine reizvolle Umgebung, die unverkennbar vulkanische Züge trägt – Lavafelder und kleine, manchmal mit smaragdgrünem, klarem Wasser gefüllte Krater. Geologische Attraktion der Region ist der Nyiragongo, einer der wenigen Vulkane der Erde, in dessen Krater ständig ein See aus flüssiger Lava brodelt. Der „Vulkan des Teufels" galt in der Vorstellung der Einheimischen als Sitz des Gongo. Seit seiner Entdeckung im Jahr 1894 machte der Vulkan oft durch spektakuläre Ausbrüche von sich reden; zwischendurch hatte er allerdings auch zeitweise seine Tätigkeit eingestellt, das letzte Mal war er im Jahr 1977 aktiv. Zahlreiche Vulkanologen untersuchten inzwischen den Berg. Der bekannte Geologe Haroun Tazieff widmete ihm mehrere Bücher und Filme.

Die Besteigung des 3471 m hohen Nyiragongo ist zwar an einem Tag möglich, sinnvoller ist jedoch eine Expedition von zwei Tagen. Der Aufstieg nimmt vier bis fünf Stunden in Anspruch, der Abstieg etwa die Hälfte der Zeit. Ein Führer ist auch für dieses Unternehmen obligatorisch. Man trifft sich am Fuß des Berges vor dem Haus der Wächter des Parks. Nach dem Anmarsch durch das Tal beginnt der Aufstieg. Die zunächst leichte Steigung wird zusehends steiler, das Gehen schwieriger. Die Schuhsohlen rutschen am nassen Felsen, man atmet kürzer. Der Gipfel scheint ganz in die Nähe gerückt zu sein, doch der Eindruck täuscht. Noch kostet es viel Mühe, bevor man den oberen Rand des Kraters erreicht. Der Ausblick, der sich hier bietet, läßt jedoch alle Anstrengungen vergessen. In der Mitte des Kraters, etwa 200 m unterhalb der inneren Plattform, liegt ein riesiger Lavasee. Seine graue, sich bewegende Oberfläche ist von roten, pulsierenden Adern durchzogen. Blasen entstehen, die, wenn sie platzen, glühende Lavatropfen emporschleudern.

Ein ständiges Grollen aus dem Schoß der Erde läßt den Boden unter den Füßen beben. Bei Nacht ist das Spektakel unbeschreiblich: Der See, der im Zentrum des Vulkans stark brodelt, und der Rauch, der aus ihm emporsteigt, bilden ein rot schimmerndes, von Zuckungen bewegtes Gemälde, dessen Leuchten noch aus mehreren Dutzend Kilometern Entfernung zu sehen ist. Übernachten kann man ein Stück unterhalb des Gipfels in einer Schutzhütte, deren Wände aus schlecht zusammengefügten Brettern bestehen und die kalte Luft kaum abhalten. Es empfiehlt sich, Schlafsäcke mitzubringen, da Decken und Kohlenbecken nur wenig gegen die Kälte schützen. Ein zweiter „Feuerberg" ist der 3056 m hohe Nyamulagira; die Mittelgruppe der Virungavulkane bilden der 4507 m emporragende Karisimbi, der Mikeno (4437 m) und der Visoke (3711 m); die Ostgruppe setzt sich aus weiteren Vulkanen zusammen.

Der Weg, der von Goma nach Norden führt, durchquert eine hügelige Landschaft. Jedes Stück des fruchtbaren Bodens wird bebaut, wie ein Mosaik überziehen die verschiedenen Kulturen die Hänge. Seinem landschaftlichen Reichtum verdankt dieser Teil von Zaire den Beinamen „afrikanische Schweiz". Neben tropischen Erzeugnissen wie Bananen, Kakao, Tee oder Kaffee findet man hier auch Kulturpflanzen der gemäßigten Zone: Bohnen, Obstbäume, ja sogar

◄ *Eine Statue aus der Provinz Kivu, die für die Vielfalt und Qualität ihres Kunsthandwerks berühmt ist.*

▲ *Die Mindgangismasken der im Kasaigebiet siedelnden Pende stellen die Geister der Vorfahren dar. Der Maskentanz ist Bestandteil des Initiationsfestes, das aus Anlaß der Beschneidung der Knaben gefeiert wird.*

Erdbeerpflanzen. Die Landwirtschaft dieser Region bringt beträchtliche Erträge, jedoch verhindert eine unzureichende Infrastruktur den wirtschaftlichen Transport zu den großen städtischen Zentren.

Land der Wunder

Zum Ruwenzori, dem „Wolkenkönig“

Schon die bisher geschilderten Natursehenswürdigkeiten weisen den 1925 gegründeten, ältesten und wohl berühmtesten Nationalpark Zaires als touristische Attraktion ersten Ranges aus. In dem weitläufigen Gebiet liegen jedoch noch andere interessante Ausflugsziele, wie beispielsweise das Ruwenzorimassiv, der Eduardsee oder die Dörfer des Rwindireservats.

Nördlich der Vulkane erstreckt sich am Ufer des Sees eine von Bergen umrahmte Savannenlandschaft. Hier leben Antilopen, Löwen, Büffel, und viele Flußpferde, deren Population am Eduardsee und am Rutshuru zu den größten Afrikas gehört. Gute Wege erlauben es, die Flußpferde beim Baden im Schlamm der heißen Quellen von Mai na Moto und bei den Wasserfällen des Rutshuru zu überraschen.

Am südlichen Zipfel des Eduardsees liegt Vitshumbi, ein malerisches Fischerdorf, das dem Besucher ein interessantes Schauspiel bietet: Die Männer, die mit ihren Booten vom Fang zurückkehren, werden von Pelikanen empfangen, die sich schon bald heftig um die Reste streiten, welche die Fischer ins Wasser werfen oder fallen lassen, wenn sie die Ausbeute ihres Fischzuges auf den Kai werfen. Eine besondere Spezialität ist der gegrillte Tilapia, eine Art Buntbarsch, der mit *Pili-Pili*, der für Zaire typischen scharfen Soße, gegessen wird.

Weiter nördlich klettert die Piste an der Kabashaschlucht hinauf und schlängelt sich dann durch eine Hügellandschaft. Entlang der „Straße der Schönheit“ reihen sich bis Beni Dörfer aneinander, deren strohgedeckte, weißgetünchte Hütten und Wellblechhäuser stufenförmig am Hang errichtet sind.

Weiden und Ackerflächen werden vom Wald abgelöst, bisweilen begegnet man Pygmäen. Wenn sich die schweren Regenwolken lichten, die das Ruwenzorimassiv meist umhüllen, kann man den mit 5109 m dritthöchsten Gipfel Afrikas bewundern: Gletscher über Urwaldgipfeln – ein Anblick von atemberaubender Schönheit.

Eine Besteigung des „Wolkenkönigs“ – so die Bedeutung von Ruwenzori in der Sprache der Waldstämme – kann mit Führern und Trägern durchgeführt werden. Ausgangspunkt für diese Bergtour, die mindestens fünf Tage erfordert, ist das Dorf Mutwanga. Mühsam ist der Anmarsch durch die feuchten, wildverwucherten Täler, durch den modrigen, flechtenverhangenen Bergnebelwald. Dicke, nässetriefende Moospolster erschweren das Vorankommen. Die Luft ist stickig, die Stille fast bedrückend, und der Nebel verleiht dem Ganzen einen geheimnisvollen Aspekt. Oberhalb der Waldgrenze versinkt man bis über die Knie im morastigen Boden. Anschließend breitet sich in den riesigen, flachen Mulden unterhalb der Gip-

▲ *Vulkanische Tätigkeit und Erosion haben im Virungamassiv zerklüftete Formationen gebildet, die interessante Einblicke in die Erdgeschichte gewähren.*

fel eine fremdartige Vegetation aus: Senecien, Strohblumen, Lobelien – eine bizarre Pflanzenwelt, wie sie für Afrikas höchste Berge typisch ist.

Im waldreichen Norden der Provinz Kivu liegt südlich von Bunia der Mont Hoyo mit seinen sehenswerten Wasserfällen und Grotten. Dieses „Land der Wunder und Geheimnisse", wie es von Stanley genannt wurde, bietet noch eine weitere einzigartige Attraktion. Erst zur Jahrhundertwende erfuhren Europäer von der Existenz eines höchst seltsamen, bisher nur den Pygmäen bekannten Tiers: halb Antilope, halb Giraffe, pferdegroß, mit den Beinen eines Zebras. In Epulu, das nach dem gleichnamigen Fluß benannt ist, gibt es eine Zuchtstation für diese nur in Zaire vorkommenden Okapis.

Pygmäen

Ein Kampf ums Überleben

Die Bevölkerung des Landes (38,6 Mio. Einwohner) läßt sich in fünf Hauptgruppen einteilen: Mehr als die Hälfte der Einwohner des Landes sind Bantu – Angehörige von Stämmen einer gemeinsamen Sprachengruppe. Im Norden Zaires leben etwa 5 Mio. Menschen, die Sudansprachen sprechen; zu ihnen gehören die Zande und die Mangbetu. Niloten und Hamiten kamen aus der oberen Nilregion in den Osten und Norden des Landes.

Zaire ist aber auch Heimat von Pygmäen. Schon 2500 v. Chr. galten diese kleinwüchsigen Menschen den Ägyptern als Wunderwesen weit hinter dem Horizont. Homer wußte vom Kampf der „Ellenmännchen" gegen die Kraniche zu berichten. Ein Mosaik aus dem versunkenen Pompeji zeigt Pygmäen inmitten von Hühnern, den einzigen Haustieren, die sie hielten. Die von Aristoteles erwähnte Heimat der „Fäustlinge" – so die ungefähre Bedeutung des griechischen Wortes *pygmaîos* – an den Nilquellen fanden Forschungsreisende wie beispielsweise Schweinfurth, Junker und Stanley zwischen Albert- und Eduardsee. Hier, am Ituri, findet sich noch heute das Jagd- und Streifgebiet des ungefähr 30 000 Angehörige zählenden Stammes der Bambuti.

Trotz ihrer geringen Größe von durchschnittlich 1,40 m im Erwachsenenalter (selten mehr als 1,50 m) sind sie kräftig gebaut, ihre Haut ist rötlichbraun. Mittlerweile haben sie sich aber auch schon mit den Bantu vermischt. Sie arbeiten mit den Grundstoffen, die sie in der Natur vorfinden: Tiere beispielsweise liefern Hörner, Haut oder Knochen, der Wald Holz und Blätter. Techniken wie das Töpfern, das Weben oder die Metallverarbeitung sind ihnen unbekannt. Einzigartig jedoch ist ihr geschicktes Vorgehen bei der Jagd: Mehrere Familien schließen sich zusammen und spannen gemeinsam Netze über die von den Tieren genutzten Fluchtwege. Nun wird Lärm geschlagen, um die Tiere – oft sind es Antilopen – zu erschrecken. Diese geraten natürlich in Panik und stürzen sich in die Fallen. Für die Jagd auf Kleinwild benutzen die Pygmäen Giftpfeile, die sie von einem Bogen abschießen, der zwar sehr klein ist, jedoch in ihren geschickten Händen zu einer überaus gefährlichen Waffe werden kann.

▶ *1925 entstand als erster Nationalpark Afrikas der Albert-Nationalpark, der später dann in Virunga-Nationalpark umbenannt wurde. Das 800 000 ha große Gelände umfaßt auch das Rwindireservat, das eine außergewöhnlich artenreiche Fauna aufweist.*

▲ *Nur noch wenige Pygmäenfamilien im Ituriwald (Nordostzaire) führen ein nomadisches Leben. Sie sind inzwischen seßhaft und haben sich mit den hier siedelnden Bantustämmen vermischt.*

Die Pygmäen ernähren sich von den Pflanzen des Regenwaldes und vom Fleisch erlegter Wildschweine, Antilopen und Affen; selbst Raupen, Maden, Schlangen und Termiten stehen auf ihrem Speiseplan. Mann und Frau tragen bei den Pygmäen in gleicher Weise zur Ernährung bei – die Frauen sammeln im Wald Früchte und Kleintiere und sind weitgehend gleichberechtigt.

Eine Sippe besteht aus mehreren Familien und untersteht der Führung eines alten, erfahrenen Mannes. Jeder Clan benennt sich nach einem Totemtier, das in der Herkunftsgeschichte der Gruppe eine große Rolle spielt. Die Pygmäen, die ursprünglich Nomaden waren, sind inzwischen zumeist seßhaft geworden und leben in kleinen Dörfern, deren Hütten aus Zweigen und großen Blättern errichtet sind.

Mit den benachbarten Bantu betreiben die Pygmäen einen lebhaften Tauschhandel. Für einen Teil ihrer Jagdbeute erhandeln sie Palmnüsse, Zuckerrohr, Mais, Speerspitzen, Bananen, aber auch Kleidungsstücke, Zündhölzer und sogar Kofferradios als Vorboten einer neuen Zeit, die nicht nur ihre Kultur verändert.

Wer heute Pygmäen besuchen möchte, braucht sie nicht mehr im Dunkel des Urwaldes aufzuspüren. Im Gebiet zwischen dem Ituri und seinen Nebenflüssen Epulu und Ibina sind einige Dörfer mittlerweile zu Touristenattraktionen geworden. Gegen Honorar präsentieren die Einheimischen ihre traditionellen Tänze und erklären die Herstellung giftiger Pfeile oder andere Fertigkeiten. Es ist leider abzusehen, daß eines nicht zu fernen Tages nur noch Volkskunstgruppen an die traditionelle, urgemeinschaftliche Kultur der Pygmäen erinnern werden, da ihr Lebensraum durch die rücksichtslose Abholzung der Regenwälder zunehmend eingeengt wird.

Als gegen Ende des 15. Jh. die Portugiesen die Westküste Afrikas erforschten, trafen sie auf das mächtige Königreich Kongo, das sich von Gabun über Zaire bis nach Angola erstreckte. Portugal und Spanien nahmen Beziehungen zu dem Königreich auf, in dem schon im Jahr 1491 das Christentum eingeführt wurde. Wie auch in anderen Teilen Afrikas leitete die Begegnung mit Europäern den Niedergang und schließlich den Zerfall des Reiches (18./19. Jh.) ein.

Auch im Landesinnern befanden sich bedeutende Staatsgebilde, die Kuba-, Luba- und Lundareiche, die in den heutigen Provinzen Kasai und Shaba lagen. Diese Gebiete rückten wegen ihrer Bodenschätze Ende des 19. und Anfang des 20. Jh. in das Blickfeld der Kolonialmächte. Nachdem es den Belgiern gelungen war, das Kongobekken unter ihre Herrschaft zu bringen, war es besonders die sich im Anschluß an den „Kupfergürtel" Sambias erstreckende Pro-

▶ *Schönheit hat ihren Preis: Ein junger Pygmäe wird mit einer Pfeilspitze tätowiert.*

▲ *Bewaffnet mit kleinen Bogen und giftigen Pfeilen jagen Pygmäen im Gebiet der Wasserfälle des Epulu, eines Nebenflusses des Ituri.*

vinz Katanga, die durch belgische Monopolgesellschaften ausgebeutet wurde.

In Katanga wußten sich die Einheimischen schon seit Jahrhunderten der Bodenschätze zu bedienen. Um das Metall zu schmelzen, benutzten sie Tonöfen, in denen sie das Feuer mit Blasebälgen aus Antilopenhaut schürten. Natürlich hat sich das Landschaftsbild inzwischen völlig verändert. In riesigen Minen wird Kupfererz gewonnen. Unter Tage entstanden regelrechte Verkehrsnetze in 400 m Tiefe.

Shaba, so der heutige Name der Provinz, ist jedoch nicht nur wegen der bedeutenden Kupfererzvorkommen eines der rohstoffreichsten Gebiete in Afrika. Shaba bedeutet auch Diamanten, Kobalt, Uran, Gold, Eisen, Zinn, Chrom, Mangan, Zink, Kadmium und Kohle. Um moderne Großstädte wie Lubumbashi, Kolwezi und Likasi entstand in Shaba eines der größten Industriegebiete des Kontinents.

Kurz nach der Ausrufung der Unabhängigkeit machte sich die Provinz unter der Führung des Provinzgouverneurs Tschombé selbständig. Im Jahr 1962 kam es zu einer UN-Intervention, welche die Wiederherstellung der nationalen Einheit Zaires zum Ziel hatte. Im Verlauf dieser Aktion starb der damalige UN-Generalsekretär Hammarskjöld bei einem Flugzeugabsturz. Nach der Wiedereingliederung von Katanga verließen die Truppen der Vereinten Nationen im Jahr 1964 die Provinz, die Ende der 70er Jahre wiederholt in den Mittelpunkt kriegerischer Auseinandersetzungen rückte. Truppen der Kongolesischen Nationalen Befreiungsfront versuchten vergeblich, das Mobutu-Regime zu stürzen.

Der dramatische Verfall der Preise für zahlreiche Rohstoffe führte Mitte der 70er Jahre auch in Shaba zu einer schweren Wirtschaftskrise, die durch die alltägliche Korruption noch verschärft wurde. Darüber hinaus verhindern Transportprobleme – die nächsten Seehäfen in Mosambik und Angola sind mindestens 1400 km (Luftlinie) entfernt – eine Verbesserung der ökonomischen Situation in einer Region, deren reiche Ressourcen daher nur unvollkommen genutzt werden.

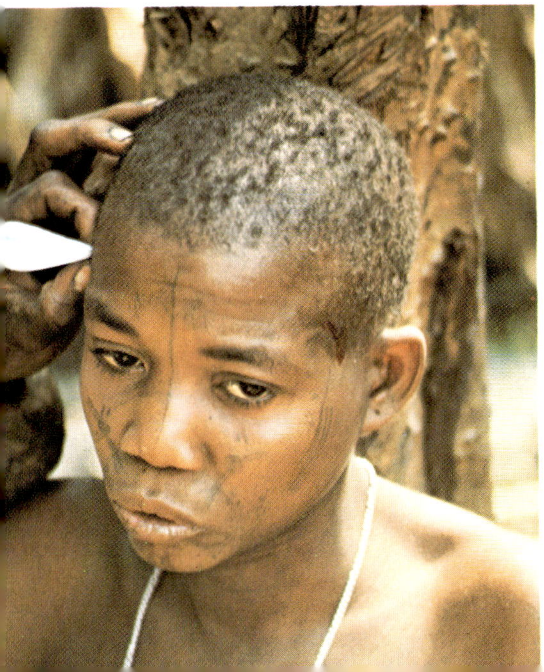

▶ *Die berühmten Grotten des Mont Hoyo (1450 m) dienten früher als Fluchtort der Pygmäen, die im Lauf ihrer Geschichte immer wieder vor den besser bewaffneten Bantu zurückweichen mußten. Heute ist der Lebensraum der etwa 100 000 Pygmäen, die in Zaire leben, vor allem durch die unkontrollierte Rodung der Regenwälder bedroht.*

▲ *In Ruanda, dem „Land der 1000 Hügel", wird auf etwa zwei Fünftel der Fläche Ackerbau betrieben. Neben Maniok, Mais, Hirse und Hülsenfrüchten werden auch Süßkartoffeln, Bananen sowie Kaffee und Tee angebaut (Ruhengeri-Region im Nordwesten des Landes).*

Ruanda und Burundi

Nach fast 70jähriger Kolonialherrschaft erklärten sich die kleinen Binnenstaaten 1962 für unabhängig. Seither kämpfen die verfeindeten Hutu und Tussi um die Macht. Ein Ende des Konflikts ist in keinem der beiden Länder abzusehen.

TROTZ politischer Meinungsverschiedenheiten, die jahrzehntelang das Verhältnis zwischen Ruanda und Burundi erheblich belasteten, ist es fast unmöglich, beide Länder anders als im Zusammenhang zu betrachten. Geographie, Geschichte, Kultur und Lebensweise gleichen sich so sehr, daß man fast vermuten könnte, Streitigkeiten würden gerade aufgrund dieser Ähnlichkeit entstehen. Ruanda und Burundi sind Pufferstaaten zwischen Westen und Osten, zwischen Zaire und Tansania. Sie liegen in der gewaltigen Bruchzone des Zentralafrikanischen Grabens, der Afrika der Länge nach teilt. Beide Länder werden durch ihre Binnenlage im afrikanischen Kontinent vor große wirtschaftliche Probleme gestellt. Der Indische Ozean liegt 1200 km entfernt, bis zum Atlantik sind es sogar 2000 km.

Ruanda und Burundi wurden ursprünglich vom Pygmäenvolk der Twa bewohnt, das jedoch vor etwa 1000 Jahren von den Hutu, einem Bantuvolk, weitgehend verdrängt wurde und nur noch als Minderheit überlebt hat. Die Ackerbau betreibenden Hutu, die mit etwa 85 % der Bevölkerung die bedeutendste Ethnie in beiden Staaten stellen, befinden sich seit Jahrhunderten im Konflikt mit den Tussi. Dieses Hirtenvolk kam im Lauf des 16. Jh. aus dem oberen Niltal und herrschte schon bald als aristokratische Oberschicht über die Hutu. Die Tussi, deren Gottkönige eine uneingeschränkte Machtfülle besaßen, waren als mutige Krieger gefürchtet.

▲ *Für die Hutu, die etwa 85% der Bevölkerung Ruandas und Burundis stellen, ist das Vieh vorwiegend ein Statussymbol; Milch- und Fleischproduktion werden als unbedeutend angesehen.*

Auch die ersten Kolonisatoren – im Jahr 1890 wurde das damalige Ruanda-Urundi Deutsch-Ostafrika angeschlossen – griffen in die bestehende hierarchische Ordnung kaum ein; soweit es ihren eigenen Interessen diente, kooperierten sie mit den lokalen Herrschern. 1918 wurde die Region belgisches Mandatsgebiet, ohne daß sich die Machtverteilung zwischen Tussi und Hutu entscheidend änderte. Im Jahr 1962 zerfiel Ruanda-Urundi in die unabhängigen Staaten Ruanda und Burundi. Die verfeindeten Völker kämpften nach dem Ende der Kolonialzeit in erbitterten Auseinandersetzungen um die Macht. Während es in Ruanda den Hutu gelang, sich von der jahrhundertelangen Unterdrückung durch die Tussi zu befreien, konnten in Burundi die Tussi ihre Vorherrschaft behaupten. Immer wieder kommt es in beiden Ländern zu unvorstellbaren Massakern. Als im Frühjahr 1994 die Präsidenten beider Länder nach gemeinsamen Verhandlungen bei einem Flugzeugabsturz starben, geriet vor allem in Ruanda die Situation völlig außer Kontrolle. Das gegenseitige Abschlachten forderte Zehntausende von Menschenleben, und eine Aussöhnung der beiden Volksgruppen ist in weite Ferne gerückt.

Etwa 90 % der Bevölkerung leben in zahllosen kleinen Dörfern, die zum großen Teil nur aus drei bis vier Häusern bestehen. Die für diese Region typische Bauform ist die Rundhütte, die mit Stroh oder – immer häufiger – mit Wellblech gedeckt ist. Um sie herum gruppieren sich Bananenstauden, aus deren Früchten vor allem das bierähnliche *Pombe* gebraut wird. In unmittelbarer Nähe der Hütten liegt oft ein Rindergehege. Ringsum erstrecken sich die Felder, auf denen die Frauen arbeiten. Das friedliche Bild täuscht darüber hinweg, daß die Ernteerträge in stetig zunehmendem Maß durch Bevölkerungswachstum, fortschreitende Bodenerosion und Bodenverknappung gefährdet werden.

Im „Land der 1000 Hügel“

Eine vielgestaltige Pflanzenwelt

Die zwei Staaten zeichnen sich durch ein abwechslungsreiches Relief aus: In Ruanda, dem „Land der 1000 Hügel“, wie die Einheimischen es selbst nennen, variieren die Höhen zwischen 770 und 4500 m. Der Nationalpark der Vulkane im Norden Ruandas umfaßt das Virungamassiv und bildet somit die Fortsetzung des Naturparks von Zaire. Auf den großartigen Vulkangestalten, die vom 4507 m hohen Karisimbi überragt werden, findet sich die wundersame Vegetation wieder, die auch das Ruwenzorimassiv kennzeichnet: ein Gespensterwald von Baumerika mit langen Flechtenbärten, urweltlichen Hagenien, gewaltigen Lobelien, kandelaberartigen Senecien, Philippiasträuchern sowie großzügigen Flechten- und Moospolstern. Mit ein bißchen Glück – oder auch etwas Geduld – bekommt man Elefanten, Büffel und, wenn auch seltener als in Zaire, Berggorillas zu sehen.

In Ruanda und Burundi gibt es zahllose Seen. Zu den schönsten unter ihnen gehören der Kivusee in Ruanda und der äußerst fischreiche Tanganjikasee in Burundi. An seinem Nordufer liegt Bujumbura, die Hauptstadt Burundis, in der heute etwa 215000 Einwohner leben.

▲ *Ruanda: Auch heute noch transportieren die Töpferinnen ihre schweren Lasten auf Kopfpolstern.*

Von Kigali, der Hauptstadt Ruandas, führt eine Straße nach Osten zum Akagera-Nationalpark – einem 312000 ha großen Wildreservat. Gut befahrbare Pisten erlauben es, die vielgestaltige Landschaft zu erkunden: bis zu 1600 m hohe Erhebungen, Gras- und Baumsavannen, Überschwemmungsgebiete mit schwimmenden Papyrusinseln und Galeriewälder entlang des Flusses Kagera. Die reiche Tierwelt umfaßt Nashörner, Flußpferde, Krokodile, Löwen, Leoparden, Zebras sowie Büffel und vor allem Antilopen. Es gibt zahlreiche Buntböcke, Impalas, Wasserböcke, Elenantilopen; selbst die selten gewordenen Sitatunga-Antilopen leben hier im Schilf. Die Vogelwelt kennt etwa 500 Vogelarten, von denen viele auf ihren jahreszeitlich bedingten Zügen an den Seen Zwischenstation machen.

▶ *Ein Großteil der Bevölkerung Ruandas und Burundis wohnt in den traditionellen Rundhütten. Die Wände bestehen aus einem Holzgeflecht, das mit Lehm beschichtet ist.*

▲ *Der maximal 4 m tiefe Lake Nakuru, der im Jahr 1961 zum Nationalpark erklärt wurde, ist der Lebensraum von über 400 Vogelarten. Weltruhm erlangte der See durch seine riesigen Flamingokolonien.*

Kenia, Uganda, Tansania

Das Erbe einer jahrzehntelangen Kolonialherrschaft verbindet die drei Staaten Ostafrikas, die nach Erlangung der Unabhängigkeit getrennte politische Wege gingen. Der Traum von einer Ostafrikanischen Union ist in weite Ferne gerückt.

Kenia, Uganda und Tansania, die drei weitaus größten Staaten Ostafrikas, umfassen eine Fläche von ungefähr 1,8 Mio. km² und sind damit etwa fünfmal so groß wie die Bundesrepublik Deutschland. Das riesige Gebiet zählt in vielerlei Hinsicht zu den eindrucksvollsten Regionen Afrikas: hier faszinieren die höchsten Berge, die größten Seen und die artenreichste Tierwelt des Schwarzen Kontinents.

Seit dem 3. Jh. n. Chr. drangen Bantuvölker in das von Buschleuten (San) bevölkerte Landesinnere ein, kleinere Bevölkerungsgruppen wurden entweder assimiliert oder sogar verdrängt. Über die Frühgeschichte dieser ersten Siedler ist nur wenig bekannt, und auch der Zeitpunkt des ersten Auftauchens nilotischer Viehzüchter ist heute noch umstritten. Vermutlich kamen diese Stämme aus dem Norden in aufeinanderfolgenden Wellen zwischen dem 5. und dem 15. Jh. nach Ostafrika. Noch in heutiger Zeit ist vor allem in Kenia und Uganda eine gewisse Kluft zwischen den zwei bedeutendsten Ethnien der ostafrikanischen Bevölkerung spürbar. In Kenia ist die Rivalität der nilotischen Luo und der zu den Bantu gehörenden Kikuyu ein wesentlicher Bestandteil des politischen Alltags; die Spannungen zwischen den Völkern, die von den Niloten oder den Bantu abstammen, spielten eine wichtige Rolle bei der Entstehung des Bürgerkriegs, der Mitte der 80er Jahre Tausende von Ugandern das Leben kostete.

Die zwei größten Bevölkerungsgruppen lassen sich in eine Vielzahl von Stämmen un-

▲ *Die verschiedenen Abschnitte, die ein Massai in seinem Leben zu durchlaufen hat, werden durch zeremonielle Handlungen voneinander abgegrenzt. Nach der Beschneidung wird aus einem Knaben ein* Moran. *Ein Erkennungszeichen dieser „Krieger" ist ihr langes, geflochtenes und mit Tonerde eingeriebenes Haar.*

terteilen, die teilweise nur aus wenigen hundert Personen bestehen. Insgesamt gibt es mehr als 200 solcher Stammesgruppen, die alle ihre eigene Sprache und unterschiedliche Traditionen besitzen. Allein in Tansania leben über 120 dieser Völker, in Kenia sind es mehr als 50, und selbst in Uganda, dem kleinsten der drei Länder, existieren etwa 35 verschiedene ethnische Gruppen.

Der kulturellen Zersplitterung wirkt als einigendes Element ein ungewöhnliches linguistisches Phänomen entgegen: Alle Stämme bedienen sich zusätzlich zur eigenen einer gemeinsamen Sprache, des Swahili, das eine Mischung aus Bantusprache und Arabisch darstellt.

Zu den bedeutendsten nilotischen Stämmen zählen die etwa 250 000 Massai, die in den weiten Savannen im Grenzgebiet zwischen Kenia und Tansania leben. Diese halbnomadischen Viehzüchter haben ihre traditionelle Lebensweise weitgehend beibehalten. Die früher als tapfere Krieger gefürchteten Massai sind auf ihre Unabhängigkeit bedacht und haben sich bisher allen Versuchen, sie seßhaft zu machen, widersetzt. Die Angehörigen dieses stolzen Stammes lehnen den Ackerbau ab, eine Vermischung

▶ *Der traditionelle Schmuck der kahlgeschorenen Massaifrauen sind breite, mit Perlen verzierte Halsketten.*

▲ *Die niedrigen Rundhütten der Massai bestehen aus Kuhmist, der auf ein Flachwerk aus Holz aufgetragen wird. Sie werden von den Frauen gebaut, da sich die Männer nur „edlen" Tätigkeiten widmen: einst Krieg, nun Jagd.*

mit anderen Volksgruppen ist für sie ausgeschlossen. Überall im Rift Valley, dem Ostafrikanischen Graben, sind Massai mit ihren Rinderherden anzutreffen, beispielsweise am Fuß ihres heiligen Berges, des 2878 m hohen Vulkans Ol Doinyo Lengai, und sogar innerhalb des Ngorongorokraters, dessen riesige Caldera einen Durchmesser von ungefähr 22 km aufweist.

Vermutlich seit dem 7. Jh. siedelten Araber an der ostafrikanischen Küste. Ebenso wie die Perser, die etwa 300 Jahre nach ihnen in diese Region kamen, gründeten sie Kontore und betrieben einen lebhaften Handel mit den Ländern am Golf und sogar mit dem entfernten Malaysia. Der Sklavenmarkt von Sansibar genoß im ganzen Orient legendären Ruf; mehr als 60000 Sklaven wurden hier jährlich verkauft. Selbst im 20. Jh., als Sansibar Protektoratsgebiet war, blieb die Insel unter arabischem Einfluß; der letzte Sultan wurde erst 1964 gestürzt.

Im 15. Jh. erreichten die Portugiesen auf ihrem Weg nach Indien die afrikanische Ostküste. Mit der Anlage befestigter Stützpunkte – 1593 wurde in Mombasa (Kenia) die Festung Fort Jesus errichtet – begann die

▲ *Gletscher erstrecken sich über die Flanken des 5194 m hohen Mount Kenya. Der nach dem Kilimandscharo zweithöchste Berg des afrikanischen Kontinents ist oberhalb von 3200 m als Nationalpark ausgewiesen.*

Kolonialherrschaft Portugals über die wohlhabenden Handelsimperien im arabischen Machtbereich. Nach der Rückeroberung einiger Gebiete durch die Araber – 1698 fiel Mombasa, 1730 auch Sansibar – zogen sich die Portugiesen nach Mosambik zurück.

Die Berliner Kolonialkonferenz um die Jahreswende 1884/85 teilte die Interessensphären in Ostafrika zwischen den europäischen Großmächten auf: Die Briten dehnten ihre Vormachtstellung auf Uganda und Kenia aus, die Deutschen bekamen Tanganjika zugesprochen. In der Zeit nach dem Ersten Weltkrieg gelangte auch dieses Land als Völkerbundsmandat unter die Verwaltung von Großbritannien.

Während der Kolonialzeit kamen zunehmend Inder und Pakistani ins Land. Diese von den Engländern geförderte Zuwanderung verlieh den Städten an der Küste eine

▶ *Ein einzigartiger Anblick: Eine Elefantenherde vor der faszinierenden Kulisse des schneebedeckten Kilimandscharo. Der Kibu, der höchste Gipfel des gewaltigen Bergmassivs (5895 m), erhielt anläßlich der Unabhängigkeitsfeier von Tanganjika im Jahr 1961 den Namen „Uhuru Peak“ (Freiheitsspitze).*

▲ *Im Norden Kenias leben etwa 80 000 Samburu, Nomaden, die sprachlich und kulturell mit den Massai verwandt sind. Sie ernähren sich hauptsächlich von Milch und dem Blut ihrer Rinder, das sie den Tieren an der Hauptschlagader abzapfen, ohne sie zu töten.*

unverwechselbare Atmosphäre. Sie wurde aber zugleich Grundlage für soziale Spannungen, die sich in solch spektakulären Aktionen entluden wie z. B. der Ausweisung aller Inder und Pakistani aus Uganda durch den Diktator Idi Amin im Jahr 1972.

Im Rahmen des Commonwealth erlangten Tanganjika 1961, Uganda 1962, Kenia und das kleine Sultanat Sansibar 1963 die Unabhängigkeit. Ein Jahr später schlossen sich Tanganjika und Sansibar zur Vereinigten Republik Tansania zusammen.

Obwohl die drei Länder Ostafrikas mit einer Fläche von ungefähr 1,8 Mio. km^2 nur ein Fünfzehntel der Gesamtfläche Afrikas stellen, zählen sie mehr als 67 Mio. Menschen, was etwa einem Neuntel der afrikanischen Gesamtbevölkerung entspricht. Trotz einer relativ guten Infrastruktur und bedeutender Bodenschätze gehören diese überdurchschnittlich dicht besiedelten Staaten nicht zu den reichsten Ländern des Schwarzen Kontinents.

Ende 1967 hatten sich Kenia, Uganda und Tansania zur Ostafrikanischen Gemeinschaft (EAC) zusammengeschlossen, die an die schon im Jahr 1927 begonnene Integration durch einen gemeinsamen ostafrikanischen Markt anknüpfte. Erhebliche politische Meinungsverschiedenheiten und wirtschaftliche Rivalitäten führten im Jahr 1978 zur Auflösung der Vereinigung. 1993 beschlossen die Präsidenten der drei Länder jedoch, die enge Zusammenarbeit der Vergangenheit wiederzubeleben.

Landschaftliche Superlative

Riesenvulkane und gigantische Seen

Ein großer Teil der Fläche der drei größten Länder Ostafrikas wird von gewaltigen Binnengewässern eingenommen, die sich in der Bruchzone des Rift-Valley-Systems bildeten. Der Tanganjikasee, der mit einer Ausdehnung von etwa 34 000 km^2 zweitgrößte See Afrikas, erstreckt sich über eine Länge von fast 660 km und weist eine Breite auf, die zwischen 20 und 80 km schwankt. Seine maximale Tiefe von 1435 m, die er im südlichen Teil erreicht, wird nur vom Baikalsee übertroffen. Der See, dessen meist steile Ufer nur äußerst dünn besiedelt sind, ist für seinen Fischreichtum bekannt; von über 150 festgestellten Arten kommen mehr als zwei Drittel nur hier vor.

◀ *Dieser mit Straußenfedern geschmückte Tänzer gehört den bantusprachigen Kikuyu an, der größten ethnischen Gruppe Kenias, die etwa ein Fünftel der Bevölkerung stellt.*

Mit einer maximalen Tiefe von etwa 85 m ist der zwischen den beiden Armen des ostafrikanischen Grabenbruchsystems gelegene Victoriasee vergleichsweise flach, gewaltig jedoch sind seine übrigen Dimensionen. Das

▲ *Nördlich des Ngorongoro-Reservats im Nordosten Tansanias erhebt sich der Ol Doinyo Lengai (2878 m), der heilige Berg der Massai. Der letzte Ausbruch des noch aktiven Vulkans fand im Jahr 1966 statt.*

riesige Binnengewässer umfaßt eine Fläche von 68 000 km² und ist damit eineinhalbmal so groß wie die Schweiz; nach dem Lake Superior in Nordamerika ist der See, der das Hauptquellbecken des Nil bildet, der zweitgrößte Süßwassersee der Erde.

Die imposanten, das Hochland weit überragenden Vulkane kontrastieren mit der Einförmigkeit des von Erosionen gezeichneten Hochplateaus, das den größten Teil der Fläche von Ostafrika einnimmt. Der Kilimandscharo im Nordwesten Tansanias gipfelt in 5895 m Höhe, der ebenfalls vergletscherte Mount Kenya ist 5194 m hoch, und der Mount Meru, der vierthöchste Berg Afrikas, erhebt sich auf 4567 m. Überall haben die geologischen Kräfte, die diese Landschaft formten, tiefe Spuren hinterlassen. Randgebirge entlang den Grabenbrüchen erreichen Höhen von 3000 m und teilweise, wie im Fall des Ruwenzorimassivs, sogar 5000 m. Unterschiede im Relief tragen dazu bei, daß die Klimaunterschiede in den ostafrikanischen Ländern teilweise beträchtlich sind. Eine halbwüstenähnliche, wenig beregnete Tiefebene bildet den Osten Kenias; drei Viertel der Fläche von Tansania werden von

▲ *Serengeti-Nationalpark in Tansania: Um ihre Beute vor Aasfressern wie Schakalen und Hyänen zu schützen, schleppen die außerordentlich kräftigen Leoparden die geschlagenen Tiere in die Astgabel eines Baumes. Nachdem die bis zu 60 kg schweren Großkatzen jahrzehntelang rücksichtslos verfolgt wurden, erobern sie heute verlorene Lebensräume zurück.*

einer gleichförmigen Trocken- oder Dornbuschsavanne eingenommen, hingegen bekommt die Feuchtsavanne um den Victoriasee, zu der große Teile von Uganda gehören, bis zu zehn Monate jährlich ganz erhebliche Niederschläge.

Den geringen Temperaturen im Bergland steht das tropischheiße Klima mit Durchschnittswerten um 26–30 °C in den Küstenregionen gegenüber. Nairobi, Kenias Hauptstadt, liegt in 1600 m Höhe und besitzt ein gemäßigtes Klima. Feuchtheiß ist es in den Küstenstädten Mombasa und Daressalam; während Sansibar und Pemba, die einige Seemeilen vor der Küste liegenden Koralleninseln, zuweilen von der Brise des Indischen Ozeans profitieren.

Die landschaftliche, klimatische und kulturelle Vielseitigkeit Ostafrikas ist unbestritten. Dennoch gibt es eine Art Bindeglied,

▶ *Im Tsavo-Nationalpark (Kenia) leben Tausende von Elefanten. Ihre rötliche Färbung verdanken die riesigen Dickhäuter der Lateriterde, mit der sie sich nach dem Bad bedecken, um sich vor Insekten zu schützen.*

▲ *Die kenianische Hafenstadt Mombasa war im 15. Jh. die mächtigste Siedlung an der ostafrikanischen Küste. Perser, Araber und Inder gründeten damals zahlreiche Handelsniederlassungen. Zu den Attraktionen der Metropole gehört der Schiwatempel in der Altstadt, der von Hindus zu Ehren ihres Gottes errichtet wurde.*

das die Menschen in dieser riesigen Region eint: Die ostafrikanische Mentalität, von der hier die Rede ist, kann zwar Rivalitäten und Streitigkeiten nicht verhindern und die Unterschiede nicht verschleiern, dennoch ist sie allgegenwärtig. Wie könnte man sie charakterisieren? Vielleicht ist es dieses Temperament, das nachdenklicher, zurückhaltender und der Beständigkeit der Dinge mehr verhaftet, kurzum „orientalischer" ist als in den anderen Staaten des Schwarzen Kontinents. Der Ursprung dieser Mentalität liegt im Weg durch die Geschichte, den Araber und Afrikaner jahrhundertelang gemeinsam gingen und der ihr Schicksal auf vielfältige Weise miteinander verknüpfte.

Kenia

Ein von Palmen gesäumter Strand, eine Herde von Zebras, die durch die Savanne galoppieren, die Gletscher des Mount Kenya, Massaikrieger mit ihren Lanzen … Die Werbeplakate, welche von den Reiseveranstaltern verbreitet werden, haben Kenia zum bekanntesten Land Ostafrikas gemacht. Diese Klischeebilder, deren Reiz unbestritten ist, sind natürlich nur ein Ausschnitt aus einer vielschichtigen Realität. Kenia ist ein Land mit zahlreichen Facetten, vielseitig sowohl in geographischer als auch in kultureller Hinsicht. Unterschiedlichste Landschaften grenzen unmittelbar aneinander; Hochplateaus prägen den westlichen Landesteil, während sich im Nordosten und an der Küste Tiefebenen ausdehnen.

Das Küstengebiet ist warm und feucht; in Mombasa liegt die Durchschnittstemperatur bei 27 °C, und es fallen 2000 mm Niederschlag pro Jahr. Der Norden und der Nordwesten sind mit weniger als 400 mm Niederschlag jährlich Halbwüstengebiete. In den Hochebenen, in etwa 1000 m Höhenlage, bleibt die Durchschnittstemperatur unterhalb von 17 °C; die Niederschläge fallen in zwei Regenzeiten, oberhalb von 4600 m findet man Schnee und Eis.

In Kenia leben gegenwärtig etwas mehr als 27 Mio. Menschen; sollte die Wachstumsrate von fast 4 % unverändert bleiben, wird das Land im Jahr 2000 weit über 30 Mio. Einwohner haben.

Arabische und malaiische Einflüsse herrschen im Küstengebiet vor – der Islam ist hier tief verwurzelt. In den flachen, trockenen Ebenen leben nilotische, mit den Somal nahe verwandte Völker, die in der Hauptsache als Nomaden Viehzucht betreiben. Der von Nord nach Süd verlaufende Ostafrikanische Graben teilt die Hochebenen in zwei ungleiche Teile. Westlich des Grabens, am Ufer des Victoriasees, leben nilotische Stämme, vor allem Luo, östlich davon stellen die Kikuyu große Teile der hier ansässigen Bantubevölkerung. Im Ostafrikanischen Graben selbst wandern die Massai mit ihren Herden. Zu den ausländischen Minderheiten zählen 27 000 Araber, 80 000 Inder und Pakistani sowie etwa 25 000 Europäer meist britischer Herkunft.

Ein Paradies für Fotosafaris

Kenias Nationalparks

Jährlich kommt mehr als eine halbe Million Touristen ins Land, angelockt durch weiße Sandstrände und vor allem den Reichtum an Großtieren in den zahllosen Nationalparks. Zu den bekanntesten zählt der Amboseli-Nationalpark, der vielen Europäern durch die Erzählungen Ernest Hemingways bekannt ist. Der Park, der eine Fläche von 400 km² umfaßt, erstreckt sich um den Lake Amboseli, der nur nach Regenfällen mit Wasser gefüllt ist. Der Park ist der Lebensraum von ca. 20 Antilopenarten, darüber hinaus sind u. a. Löwen, Leoparden, Giraffen, Zebras und Elefanten vertreten.

Die *Masai Mara National Reserve* bildet die Fortsetzung des Serengeti-Nationalparks in Tansania. Das Wildschutzgebiet ist in ein äußeres und ein inneres Reservat untergliedert. Im äußeren Teil des Parks (ungefähr 1300 km²) ist die Vegetation beeinträchtigt, da hier die Massai ihre Viehherden weiden lassen; im inneren Abschnitt (ca. 500 km²)

▲ *An Kenias etwa 400 km langer, durch Korallenriffe geschützter Küste erstrecken sich scheinbar endlose Sandstrände.*

gibt es viele Huftiere, denen das Grasland ideale Lebensbedingungen bietet.

Ein Großteil der ostafrikanischen Nationalparks leidet schon seit längerer Zeit unter den Folgen des Tourismus. Im Amboseli-Nationalpark z.B. ist die Vegetation durch das hohe Fahrzeugaufkommen stark beeinträchtigt. Obwohl es verboten ist, verlassen zahlreiche Fahrer die Pisten und zerstören dadurch die empfindliche Pflanzendecke.

Orient in Ostafrika

Mombasa und Lamu

Ein Großteil der ostafrikanischen Fauna ist auch im Nairobi-Nationalpark vertreten, der nur etwa 115 km^2 umfaßt und rund 10 km von der Landesmetropole gleichen Namens entfernt ist. Die heute unumstrittene Hauptstadt Kenias entstand Ende des 19. Jh., als die Eisenbahnlinie gebaut wurde, die Mombasa mit Kampala – der Hauptstadt Ugandas – verbinden sollte. Aus dem ehemaligen Camp der Uganda-Eisenbahngesellschaft wurde 1905 die Hauptstadt Britisch-Ostafrikas. Nairobi, das nach dem Zweiten Weltkrieg noch keine 100 000 Einwohner zählte, hat nach der Unabhängigkeit eine rasante Entwicklung genommen, heute beherbergt das wichtigste Wirtschafts- und Handelszen-

▲ *Eiskaskaden im Krater des Kilimandscharo: Deutschen Missionaren, die im 19. Jh. von dem Bergmassiv am Äquator berichteten, wurde in ihrer Heimat wenig Glauben geschenkt.*

trum Ostafrikas rund 1,2 Mio. Menschen. Im Zentrum der Stadt befinden sich repräsentative Geschäftsviertel, in den Außenbezirken zeugen riesige Elendsquartiere von den großen sozialen Gegensätzen in der kenianischen Gesellschaft.

Aus touristischer Perspektive zählt das europäisch geprägte Nairobi sicherlich nicht zu den Hauptattraktionen einer Ostafrikareise. Hingegen sind zahlreiche der traditionsreichen Städte an der Küste des Landes reich an Sehenswürdigkeiten. Hier entstand durch die Verschmelzung arabisch-islamischer Einflüsse mit den Traditionen der einheimischen Bantubevölkerung die Swahilikultur, an deren Blütezeit im 14./15. Jh. vor allem Mombasa erinnert, die mit ungefähr 440 000 Einwohnern zweitgrößte Stadt Kenias. Die kosmopolitische Metropole, in der neben Afrikanern, die den Großteil der Bevölkerung stellen, auch Asiaten, Araber und Europäer leben, war im 15. Jh. die bedeutendste Siedlung an der Swahiliküste. Die in der Mündung einer Bucht auf einer Koralleninsel gelegene Stadt wurde vermutlich im 11. Jh. von Arabern gegründet, denen persische Händler und portugiesische Eroberer folgten. Die wechselvolle Geschichte Mombasas prägte vor allem das Bild der malerischen Altstadt mit ihren arabischen Häusern, Basaren, indischen Tempeln und alten Moscheen. An die portugiesische Herrschaft über Mombasa erinnert das berühmte Fort Jesus, eine Ende des 16. Jh. von den Portugiesen errichtete Festung, die Schauplatz zahlreicher Kämpfe war. Heute beherbergt die ehemalige Bastion ein Museum, das die unterschiedlichen kulturellen Einflüsse im Bereich der Swahiliküste dokumentiert.

Arabisches Flair ist auch in Lamu allgegenwärtig, einem kleinen Städtchen auf der gleichnamigen Hauptinsel eines Archipels, welcher der Nordküste Kenias vorgelagert ist. Eine Koranschule und zahlreiche Moscheen weisen die kleine Stadt als islamisches Zentrum Ostafrikas aus.

Uganda

Die Greueltaten eines Idi Amin oder eines Milton Obote prägen noch heute das Bild Ugandas in der Weltöffentlichkeit. Die jahrzehntelange Herrschaft terroristischer Diktatoren hat das Land in seiner Entwicklung weit zurückgeworfen. Zahlreiche Ostafrikatouristen scheuen noch immer einen Besuch der verarmten Republik, die zahlreiche landschaftliche Höhepunkte aufweist: leuchtende Gletscherberge über einzigartiger Vegetation, riesige Vulkankrater, die grandiosen Kabalegawasserfälle des Victorianil, weite Savannen im Norden und Süden des Landes und nicht zuletzt die großen Binnengewässer, die etwa 40 000 km^2 umfassen und damit rund ein Sechstel der Landesfläche bedecken. Der Albertsee und der Victoriasee lassen manchmal vergessen, daß Uganda mehr als 1000 km von der nächsten Meeresküste entfernt ist.

Am Nordufer des Victoriasees erstreckt sich Entebbe, dessen Flughafen 1976 durch ein Geiseldrama traurige Berühmtheit erlangte. Ausgedehnte Rasenflächen erinnern daran, daß die heute nur noch etwa 11 000 Einwohner zählende Stadt von 1893 bis 1962 Sitz der britischen Kolonialverwaltung war. Unter englischer Herrschaft entstand 1901 der sehenswerte Botanische Garten. Das etwa 70 ha große Gelände vermittelt dem Besucher einen guten Eindruck von der Vielfalt tropischer Baumarten.

Entebbe liegt nahe am Äquator in einer Höhe von etwa 1000 m. Wie auch in den meisten anderen Landesteilen herrschen hier tropisch-gemäßigte Klimabedingungen. Im Süden sind die Niederschläge auf das ganze Jahr verteilt. In den übrigen Regionen gibt es ein oder zwei Trockenperioden zum Zeitpunkt der Sonnenwenden, wobei die längere mit der Wintersonnenwende der nördlichen Halbkugel (von November bis März) zusammenfällt. Die vorherrschenden Klimaverhältnisse begünstigen eine üppige Vegetation.

Der fruchtbare Boden des vom Klima verwöhnten Hochlandes bietet ausgezeichnete Voraussetzungen für die Landwirtschaft, von der 90 % der etwa 17 Mio. Einwohner Ugandas leben. Auf ausgedehnten Plantagen werden Tee, Baumwolle, Zuckerrohr, Tabak und Sisal angebaut. In traditioneller Feldwirtschaft erzeugen Kleinbauern Bananen, Mais, Hirse, Erdnüsse und Süßkartoffeln. Nachdem bis zu den 50er Jahren hauptsächlich Baumwolle exportiert wurde, ist heute Kaffee der wichtigste Devisenbringer Ugandas, das zu den zehn größten Kaffeeproduzenten der Welt zählt.

▲ *Im Zentrum eines über 5000 km² großen Schutzgebiets, in dem zahlreiche Massai leben, liegt der Ngorongoro, einer der größten Krater der Erde. Am Boden der riesigen Caldera (265 km²) erstreckt sich der Magadsee.*

Nur 10 % der Bevölkerung leben in den Städten des Landes, in denen teilweise noch Spuren des Bürgerkriegs zu sehen sind. Unumstrittenes Zentrum ist die nördlich des Victoriasees gelegene Hauptstadt Kampala. Nach den Jahren der Schreckensherrschaft ist heute wieder Leben in die Metropole eingekehrt, die vor der Diktatur Idi Amins ein blühendes Handelszentrum war.

Tansania

Im Gegensatz zu Kenia und Uganda gibt es in Tanganjika, dem kontinentalen Teil der Vereinigten Republik Tansania, nur wenige ethnisch bedingte Spannungen. Obwohl Tansania wie die beiden anderen großen ostafrikanischen Länder ein Vielvölkerstaat ist, kam es fast nie zu inneren Streitigkeiten – sicherlich auch ein Beweis für die Integrationskraft des charismatischen Julius Nyerere, der nach der Erlangung der Unabhängigkeit fast 25 Jahre Präsident des Landes war. Die desolate wirtschaftliche Situation Tansanias konnte Nyerere, der 1985 sein Präsidentenamt zur Verfügung stellte, jedoch nicht entscheidend verbessern. Obwohl Nyerere wirt-

▲ *Sansibar, die mit einer Fläche von 1660 km² größte Insel Ostafrikas, war im 19. Jh. Drehscheibe des ostafrikanischen Sklavenhandels. Nach der 1964 erfolgten Vereinigung mit Tanganjika hat sich der Teilstaat eine gewisse Eigenständigkeit bewahren können.*

schaftspolitische Fehler seiner Regierung nach der Unabhängigkeit einräumte, hat die ökonomische Misere des Landes nicht zuletzt historische Gründe.

Nach der deutschen Niederlage 1918 kam Tanganjika als Völkerbundsmandat an Großbritannien, womit der alte Traum Cecil Rhodes' von einem englischen Afrika vom Kap bis nach Kairo in Erfüllung ging. Tanganjika wurde von den Briten zugunsten Kenias und Ugandas stark vernachlässigt, in die industrielle Entwicklung der Region wurde kaum investiert, so daß die ehemalige Kolonie nach Erlangung der Unabhängigkeit einer der unterentwickeltsten Staaten Afrikas war.

Der Kilimandscharo

Afrikas höchster Gipfel

Tansania ist berühmt für seinen landschaftlichen Reichtum; auf dem Staatsgebiet der Republik liegen einige der schönsten Nationalparks der Welt. Im Kilimandscharo-Nationalpark erheben sich die drei Gipfel des gleichnamigen Vulkanmassivs, das jährlich Tausende von Touristen besteigen.

Mitte des 19. Jh. erblickten die Missionare Rebmann und Krapf als erste Europäer den Berg. Im Jahr 1889 erreichten der aus Leipzig stammende Geograph Hans Meyer und der österreichische Bergführer Ludwig Purtscheller den Kibo, den höchsten Gipfel (5895 m) des Massivs und zugleich des ganzen Kontinents.

Nicht minder berühmt als der Kilimandscharo ist ein weiterer landschaftlicher Höhepunkt Tansanias, die Serengeti, eine scheinbar endlose Grassavanne, die eine Fläche von etwa 12 500 km² bedeckt. Bekannt ist das von Flüssen durchzogene Gelände vor allem wegen der riesigen Gnu- und Zebraherden, die zwischen April und Juni zum Victoriasee wandern.

Nicht einmal halb so groß wie der Serengeti-Nationalpark ist das Ngorongoro-Schutzgebiet mit dem riesigen Krater gleichen Namens. In der Caldera leben Zehntausende von Tieren, darunter u. a. Löwen, Schakale, Giraffen, Gazellen, Zebras und Hyänen; nirgendwo sonst findet sich ein vergleichbarer Artenreichtum an wildlebenden Tieren auf so kleiner Fläche.

Tansanias Ruf als wildreichstes Land Afrikas unterstreicht das Selouswildreservat zwischen Great Ruaha und Rufiji: Mit nahezu 55 000 km² ist es das größte Schutzgebiet der Erde. Die Tierbestände in diesem Reservat, in dem neben zahlreichen anderen Tieren auch über 100 000 Elefanten leben, gehen jedoch dramatisch zurück; einige Arten, wie z. B. Nashörner, sind durch Wilderer fast vollständig ausgerottet worden.

Sansibar

Die „Nelkeninsel“

Etwa 40 km nördlich vor der Küste Tansanias liegt die 1660 km² große Insel Sansibar, die als Teilstaat der Vereinigten Republik Tansania weitgehende innere Autonomie genießt. 1818 pflanzten Siedler hier die ersten Gewürznelkenbäume, und noch heute ist der schwere, aromatische Duft ihrer Blüten allgegenwärtig.

Im 19. Jh. war Sansibar das Zentrum des ostafrikanischen Sklavenhandels, der Hafen der Insel war der bedeutendste Warenumschlagplatz der Swahiliküste. Von Sansibar aus fuhren schwerbeladene Daus mit dem Südostpassat über die Weite des Indischen

▲ *Während der jahreszeitlichen Wanderungen ziehen unvorstellbar große Zebra-, Gnu- und Antilopenherden aus der Serengeti in den nördlich angrenzenden Masai-Mara-Nationalpark in Kenia.*

Ozeans, beladen mit den Reichtümern Afrikas: Ambra, Elfenbein, Schildpatt und jährlich mindestens 60 000 Sklaven.

Sansibar, die gleichnamige Hauptstadt an der Westküste der Insel im Indischen Ozean, beherbergt heute ungefähr 150 000 Einwohner; fast 80 % von ihnen sind Afrikaner, während Araber und Asiaten bedeutende Minderheiten stellen.

Auf dem ehemaligen, im Jahr 1873 geschlossenen Sklavenmarkt Sansibars steht jetzt eine anglikanische Kirche. In den letzten Jahrzehnten ist die sogenannte „Steinstadt“ – der arabische Kern der Stadt – verfallen, die einst so prächtigen Paläste und reichgeschmückten Kaufmannshäuser machen zum Teil einen etwas desolaten Eindruck. Ein Sanierungsprogramm soll nun die kulturhistorisch einmalige Bausubstanz retten. So kehrt in manche der engen, gewundenen Gassen vielleicht der Glanz vergangener Tage zurück.

▶ *Kenia: Nach der Regenzeit wird die Savanne von einem grünen Teppich bedeckt, der ihr kurzzeitig das Aussehen einer fruchtbaren Landschaft verleiht.*

▲ *Ein Relikt kolonialer Vergangenheit: In der Einfahrt des Hafens von Luanda erhebt sich die Festung São Pedro da Barra, deren Kanonen noch immer bedrohlich auf den Atlantik gerichtet sind.*

Angola

Reich an Bodenschätzen und fruchtbarem Land, hofft die ehemalige portugiesische Kolonie im Südwesten Afrikas auf das Ende eines langjährigen Bürgerkriegs und den wirtschaftlichen Neubeginn.

ANGOLA, einer der großen Staaten des Schwarzen Kontinents, ist ein riesiges, von Sambia, Namibia und Zaire eingefaßtes Viereck mit einer 1600 km langen Atlantikküste. Das Landesinnere bietet eine große Vielfalt an Landschaften und Bevölkerungsgruppen sowie eine artenreiche Tierwelt: das Hochland des Cabinda-Distrikts, das von tropischem Regenwald bedeckt ist, die Savannen im Süden des Landes mit ihren Großwildbeständen, die einförmigen, von der Lundaschwelle geteilten Hochflächen des Zentrums, die stufenartig zum Kongobecken, zum Stromgebiet des Sambesi und zum Kalaharibecken sowie zur trockenen, wüstenartigen Küste des Südwestens abfallen. Auf den Hochplateaus entspringen sternförmig zahlreiche Flüsse, deren größter, der Sambesi, den Süden Afrikas in einer Länge von über 2000 km durchfließt.

Die ehemalige portugiesische Kolonie weist alle Merkmale des südlichen Afrika auf: ein Klima, das milder wird, je weiter man sich vom Äquator entfernt, ein bewegtes Relief und eine Bevölkerung, die vorwiegend aus Bantustämmen besteht.

Nach der Entdeckung der Kapverdischen Inseln und São Tomés, wo sie bedeutende Zuckerrohrplantagen angelegt hatten, holten sich die Portugiesen die Sklaven, die sie für die harte Arbeit in den Pflanzungen benötigten, an den Küsten Senegals, Ghanas und Benins. Der portugiesische Seefahrer Diogo Cão, der den Auftrag hatte, auch den südlichen Teil der afrikanischen Westküste

▲ *Anläßlich der Initiationszeremonie frisieren sich die jungen Mädchen mit großer Sorgfalt. Besonders auffällig sind die von getrocknetem Schlamm umhüllten Zöpfe und die unzähligen bunten Glasperlen, mit denen sie ihr Haar schmücken.*

zu erkunden, erreichte im Jahr 1483 als erster Europäer die Küste des Landes, das später nach dem Namen eines einheimischen Herrschers Angola genannt wurde. Er errichtete eine jener zahlreichen Steinsäulen mit dem eingemeißelten Wappen Portugals, die an der West- und Ostküste Afrikas den Besitzanspruch der einstigen Kolonialmacht verkündeten.

Kolonie und Widerstand

Der lange Weg in die Freiheit

Fünf Jahre lang erforschte Cão die Küste und annektierte Region um Region. In den folgenden Jahrzehnten entstanden Handels- und Missionsstationen und schließlich Ende des 16. Jh. auch Militärstützpunkte: Festungen zur Verteidigung der Gebiete gegen die einheimischem Bantu und die Holländer, die den Portugiesen die Vorrangstellung im Handel streitig zu machen suchten.

Bis ins 19. Jh. hinein war die Kolonie Angola ein riesiges Sklavenreservoir; allein nach Brasilien verfrachteten die Portugiesen 2 Mio. Stück „schwarzes Elfenbein", wie sie die Sklaven in menschenverachtender Weise bezeichneten. Bei ihrem schändlichen Tun wurden die Europäer durch einheimische Sklavenhändler unterstützt, die für die „Segnungen der Zivilisation" ihre eigenen Stammesgenossen verkauften. Der portugiesische Gouverneur Angolas hatte die Anweisung erhalten, jährlich mindestens 4000 Sklaven zu liefern, doch diese Zahl vergrößerte sich von Jahr zu Jahr.

Trotz der Abschaffung der Sklaverei in Angola im Jahr 1869 wurde der Sklavenhandel in den folgenden Jahrzehnten illegal weiterbetrieben; Ende des 19. Jh. entstanden Kaffeeplantagen, auf denen die Einheimischen als Zwangsarbeiter beschäftigt waren.

Obwohl die Portugiesen Angola als ihre Kolonie betrachteten, waren die Grenzen des Landes lange Zeit unklar. Erst 1884/85 wurden sie auf der Berliner Kongokonferenz für Angola und die Exklave Cabinda festgelegt und von den europäischen Kolonialmächten anerkannt. Der erbitterte Widerstand der ausgesprochen kämpferisch gesinnten Eingeborenen hatte jedoch nie aufgehört. Erst ab 1920 konnte die „Befriedung" der gesamten Kolonie als abgeschlossen betrachtet werden.

Anfang der 60er Jahre kam es in einigen Kaffeeanbaugebieten zu Aufständen; verschiedene Befreiungsbewegungen kämpften jahrelang gegen portugiesische Truppen. Die Abkehr von der Kolonialpolitik durch den Sturz der Diktatur in Portugal (1974) führte am 10. Januar 1975 zum Abschluß der Verträge von Alvor mit den Befreiungsbewegungen MPLA, FNLA und UNITA. Doch der Beginn einer Übergangsregierung bedeutete zugleich das Ende der Einheitsfront der Befreiungsbewegungen und den Ausbruch eines blutigen Bürgerkriegs. Während die Volksbewegung für die Befreiung Angolas (MPLA) von der Sowjetunion und Kuba unterstützt wurde, bekamen die beiden anderen Gruppierungen u. a. Unterstützung von Südafrika, Portugal und den USA. Nach 16 Jahren blutiger Auseinandersetzungen, bei denen Tausende von Menschen sterben mußten, kam es im Mai 1991 zu einem Friedensabkommen, und im September 1992 zu freien Wahlen. Die UNITA weigerte sich, das für sie ungünstige Wahlergebnis anzuerkennen und nahm den Bürgerkrieg wieder auf.

Das Reich der Kongo

Aus fernen Zeiten

Zwischen Zaire und Kongo liegt Cabinda, die angolanische Exklave, die durch eine Länderteilung während des Kolonialzeitalters entstanden ist. Diese kleine Provinz – sie mißt ungefähr 7250 km^2 – ist die nördlichste Angolas und hat wegen ihrer Erdölvorkommen eine enorme Bedeutung für die Wirtschaft des Landes. Es ist das Reich des tropischen Regenwaldes, der zu den großen Naturwundern dieser Erde zählt und dessen weitere, unverantwortliche Vernichtung Klimaveränderungen nach sich ziehen wird, deren Ausmaß nicht abzusehen ist. Inmitten des Dschungels erheben sich die Mayombe-Hügel, die von den Yombe bewohnt werden. Sie gelten als die Nachfahren jener Kongo, deren Reich einst zu den mächtigsten Afrikas zählte.

Das Reich der Kongo erstreckte sich über das ganze Becken des unteren Zaire, vom Luango, dem Grenzfluß zwischen dem heutigen Cabinda und Zaire, bis zum Fluß Cuanza in Angola. In der Hauptstadt – von den Portugiesen São Salvador do Congo genannt – residierte der Herrscher, der von Beamten, Pagen sowie zahlreichen Frauen umgeben war. Seine Autorität war grenzenlos, seine Macht uneingeschränkt. Nach seinem Tod wurde er einbalsamiert, die Beerdigungsfeierlichkeiten gaben Anlaß zu Menschenopfern. An die portugiesische Anwesenheit in São Salvador do Congo erinnern die Ruinen einer Kathedrale und Klöster sowie Paläste aus der Mitte des 16. Jh.

Das Reich der Kongo wurde im 16. Jh. von den Yaka erobert; später gehörte es zum Lundareich, das sich über einen großen Teil der heutigen Staaten Angola und Sambia erstreckte und bis ins 19. Jh. hinein existierte.

Die Tschokwe, die sich seit der zweiten Hälfte des vorigen Jahrhunderts im Nordosten Angolas niedergelassen hatten, nahmen den Platz der Lunda ein. Ursprünglich waren sie nur Jäger und Schmiede, doch mittlerweile betreiben sie vor allem Ackerbau. Wie alle Bantuvölker Angolas weisen sie eine matrilineare Sozialstruktur auf, die Erbfolge liegt in der mütterlichen Linie.

Die Tschokwe sind ein Volk von Künstlern; aus Holz stellen sie mit einer Dechsel – einem kleinen Beil mit quergestelltem, leicht gekrümmtem Blatt – und einem Messer Möbel, Pfeifen, Gehstöcke oder Kämme her, die sie mit kleinen Figuren und Mustern verzieren. Die Statuetten der Tschokwe werden mit großer Geschicklichkeit aus einem Holzstück herausgearbeitet. Manche davon stellen *Mahambas*, Schutzgötter, dar; die *Tuponyas* hingegen sind Figuren, die Familienmitglieder verkörpern.

▶ *Die Wasserfälle von Duque de Bragança sind die beeindruckendsten der Katarakte, die den Lucala unbefahrbar machen.*

▲ *Die phantastischen Felsformationen, die über die Hochebene emporragen, sind durch Erosion entstanden.*

Die berühmten Masken der Tschokwe spielen eine bedeutende Rolle im religiösen und sozialen Leben. Die Maske des Häuptlings ist heilig und wird in einer speziellen Hütte verschlossen, um sie vor neugierigen Blicken zu schützen. Die bei der Initiation der jungen Männer verwendeten Masken dürfen weder von Frauen noch von unbeschnittenen Kindern gesehen werden; das Tragen von Tanzmasken bei den Festen ist ebenfalls den Männern vorbehalten.

Luanda und Benguela

Stationen einer Kolonialmacht

Paulo Dias de Novais, der erste portugiesische Gouverneur in Angola, gründete 1575 den Militärstützpunkt Luanda, die spätere Hauptstadt der Kolonie. Sie wurde um eine von Palmen gesäumte Lagune gegenüber einer weißen Sandbank angelegt. Mehr als alle anderen Städte Angolas hat Luanda, das im 19. Jh. zu den schönsten Städten an der afrikanischen Westküste zählte, den Charakter einer ehemaligen portugiesischen Kolonialmetropole bewahrt. Heute ist Luanda – wie das ganze Land – vom Bürgerkrieg gezeichnet. Durch die Flucht der Landbevölkerung in die Städte hat sich die Einwohnerzahl der Hauptstadt seit den 70er Jahren mehr als verdoppelt. Es entstanden Slums, in denen viele der rund 1,1 Mio. Einwohner ihr Dasein fristen müssen. Die Kämpfe überdauert hat die São-Miguel-Festung, die seit 1638 auf einer Anhöhe über dem Meer die ganze Bucht beherrscht. Das wehrhafte Bauwerk beherbergt heute ein Militärmuseum.

Die Küste ist von Inseln gesäumt: Mussulo, das einen feinen Sandstrand besitzt, ist das Gebiet der Musseke, eines Fischerstammes, dessen Kultur von den ersten portugiesischen Eroberern stark beeinflußt wurde. Während ihres berühmten Rebitafestes tanzen sie die *Umbigada* – einen Tanz, dessen originelle Figuren einen europäischen Betrachter an eine Polka erinnern.

Rund 400 km südlich von Luanda entstand die Hafenstadt Benguela, eine der ältesten portugiesischen Niederlassungen in Angola. Traurige Berühmtheit erlangte die Stadt als Verbannungsort lebenslänglich Deportierter und Ausgangspunkt für Sklaventransporte nach Brasilien. Mit Catumbela, Caconda und Dombe Grande entstanden weitere Städte in dieser Region. Inzwischen übertrifft der Hafen von Lobito Benguela an

▲ *Im wüstenhaften Nationalpark von Iona im äußersten Südwesten des Landes führen einige Dromedare ein ebenso unabhängiges Leben wie einst ihre Vorfahren in Arabien.*

Bedeutung, da hier die über 1300 km lange Benguelabahnlinie beginnt, die über Innerafrika bis zur Ost- und Südküste des Kontinents reicht.

Etwas weiter südlich erstreckt sich bei Namibe die Moçamedeswüste entlang der Küste bis zum Cunene-Fluß. Es ist ein breites, ausgedörrtes Küstentiefland, aus dem sich die Kette der bis zu 1795 m hohen Chelaberge erhebt.

Bis ans „Ende der Welt“

Der Süden des Landes

Abgesehen von den Ausläufern der Wüste Namib ist der Südwesten Angolas eine Savannenlandschaft mit relativ mildem Klima, deren Bewohner Rinder züchten und in geringem Umfang Hirse, Mais, Bohnen, Gemüse und *Sorghum* anbauen. Aus den Körnern dieser Hirseart entsteht der *Massango*, ein dicker Brei, der das wichtigste Grundnahrungsmittel der Bevölkerung dieser Region darstellt. Die Körner werden von Frauen in großen Holzmörsern zerdrückt und mit Dickmilch oder Fisch serviert. Das regelmäßige und dumpfe Stampfen der schwe-

◀ *Anläßlich bestimmter Feierlichkeiten färben die Angehörigen zahlreicher Stämme ihre Körper mit Hilfe eines pflanzlichen Farbstoffs.*

▶ *Männer und Frauen fischen im Cubango, dem Grenzfluß zwischen Angola und Namibia. Während die Männer Netze auslegen, bedienen sich die Frauen kegelförmiger, aus Palmwedeln geflochtener Reusen.*

ren Stößel in den Mörsern gehört zu den charakteristischsten Geräuschen in zahlreichen afrikanischen Dörfern.

Das Vieh, das den wichtigsten Familienbesitz darstellt, wird in Kralen in der Nähe der Palisadenzäune gehalten, welche die kegelförmigen Hütten umgeben. Die Tiere sind ein gängiges Tauschmittel, mit ihnen bezahlt man beispielsweise beim Kauf einer Braut.

Ein besonderes Kennzeichen der Bevölkerung des Südwestens sind die außergewöhnlichen Haartrachten der Frauen. Jeder Stamm – und selbst jede Altersgruppe innerhalb eines Stammes – hat eine eigene typische Haartracht. Heiratsfähige Mädchen unterscheiden sich von anderen Frauen. Es gibt mehr als 50 Varianten solcher Frisuren, wahre Kunstwerke, die mit trockenem Schlamm oder auch Kupferfäden zusammengehalten werden und mit zahlreichen Schmuckstücken wie Perlen, Muscheln und Schilfscheiben verziert sind.

Im Südosten Angolas geht die lichte Dornbuschsavanne allmählich in Trockensteppe über. Aufgrund des Mangels an Niederschlägen ist diese kaum zugängliche Region nahezu unbewohnt. Die Portugiesen nannten sie „das Land am Ende der Welt", denn jenseits von ihr erstreckt sich nur noch die endlose Weite der Kalahariwüste. Nur wenige nomadisierende Gruppen von San (Buschleuten) leben in dieser unwirtlichen Gegend. Allein durch die Flucht in diese menschenfeindliche Region überlebten sie die Verfolgungen durch weiße Siedler und Bantustämme, die nicht in die Wüstenregion vorzudringen wagten.

▶ *Nur noch sehr selten kann man im Süden Angolas Hererofrauen begegnen, die traditionell gekleidet und geschmückt sind.*

▶▶ *Serra da Chela bei Lubango: Mit Höhenunterschieden von über 1000 m fällt das Südangolanische Hochland steil zur Küstenebene ab.*

▲ *Der Cubango aus dem Hochland Angolas wird bei seinem Übertritt nach Botsuana zum Okawango. Durch Verästelung in unzählige Flußarme bildet er ein riesiges Sumpfgebiet, das eine Fläche von etwa 17 000 km² bedeckt.*

Botsuana

Die endlosen Trockensavannen der Kalahari neben dem riesigen Sumpfgebiet des Okawangodeltas – faszinierende, weitgehend unberührte Naturlandschaften voller Gegensätze prägen das Bild der Republik im Herzen des südlichen Afrika.

Obwohl sich die Kalahari über drei Viertel des Territoriums erstreckt, fehlt es Botsuana nicht an landschaftlichen Reizen. Die Vielfalt der Naturräume (Sümpfe im Norden, Savannen und Salzpfannen im Kern, Halbwüsten im Südwesten), die artenreiche Fauna und die Einzigartigkeit seiner Volkskunst machen aus dem riesigen Binnenstaat – mit einer Fläche von etwa 580 000 km² ist er rund 14mal so groß wie die Schweiz – eine der faszinierendsten Regionen Afrikas.

Die Saharasenke im äußersten Südwesten der Kalahari wirkt wie eine Wüste innerhalb der ohnehin wüstenhaften Landschaft: Mit Sanddünen kündigt sich die vegetationslose Namib an, dem Auge bietet sich der Anblick eines Meeres aus rotem Sand, dessen Wellenberge sich am Horizont verlieren. Hier liegt der botsuanische Teil des Gemsbok-Nationalparks, in dem u. a. Oryx-Antilopen und Springböcke leben.

Einen großen Kontrast zum Süden bietet im Norden das gewaltige Binnendelta des Okawango. Dieser Fluß, der als Cubango dem Hochland Angolas entströmt, teilt sich hier in zahllose Arme auf, bevor er sich im Sand der Kalahari verliert. Während der Regenzeit im Bergland Angolas verändert sich die Landschaft mit erstaunlicher Geschwindigkeit. Der Pegel des Okawango steigt von Tag zu Tag, bis er schließlich über die Ufer tritt und eine riesige Fläche von ungefähr 17 000 km² in eine urwüchsige Sumpflandschaft verwandelt. Das Okawangodelta ist ein einzigartiges Vogelparadies – im Übergangssaum zwischen Trockensavannen und Sumpfland leben jedoch auch Zebras, Gnus, Elefanten und zahlreiche andere Wildtiere.

Der Kung Forest erstreckt sich westlich des Deltas. Aus einer weiten Ebene erheben sich mehr als 1000 m hoch die Tsodillo- und Ahaberge, deren Höhlen die ältesten künstlerischen Darstellungen des südlichen Afrika beherbergen – die Ritzzeichnungen und Felsmalereien der San.

▲ *Die Frauen der San, die von weißen Siedlern und schwarzen Bantustämmen in die unwirtliche Kalahariwüste zurückgedrängt wurden, schmücken sich mit zahlreichen Perlenketten. Ihr Haar kräuselt sich so stark, daß es unmittelbar am Haaransatz sogenannte „Pfefferkörner" bildet.*

Unter britischer Herrschaft

Vom Betschuanaland zur Republik

Die Kolonisierung von Botsuana begann 1817 mit der Einrichtung einer Missionsstation unter der Leitung des Briten Robert Moffat. Es war die Zeit des Sklavenhandels, der vor allem über die Faktoreien an der Küste abgewickelt wurde; die Raubzüge der Sklavenhändler führten jedoch auch tief ins Landesinnere. Von den über 50 Mio. Männern und Frauen, die zwischen dem 15. und dem 19. Jh. aus Afrika verschleppt wurden, stammte der überwiegende Teil aus dem Süden des Kontinents.

1884 wurde der Südosten Botsuanas zum britischen Protektorat erklärt, das in den folgenden Jahren nach Norden und Süden erweitert wurde, um eine Landverbindung der Burenrepubliken Oranje und Transvaal mit Deutsch-Südwestafrika zu verhindern. Die Briten ahnten nichts von den Bodenschätzen in Betschuanaland, wie das Protektorat seit 1885 hieß, und betrachteten die Region als Durchgangsgebiet zu den heutigen Staaten Simbabwe und Sambia, wo es außer anderen Bodenschätzen auch reiche Kupfer- und Goldvorkommen gab. Die Herrschaft über die aus britischer Sicht wirtschaftlich uninteressante Region übten weiterhin die traditionellen Autoritäten aus, die sich erfolgreich verschiedenen Versuchen widersetzten, das Land in die Südafrikanische Union zu integrieren. Nach einer Übergangsphase weitgehender innerer Autonomie wurde Botsuana im Jahr 1966 in die Unabhängigkeit entlassen. Der erste Präsident der Republik war Seretse Khama, der mehrere Jahre im Exil verbringen mußte, nachdem die britische Regierung ihn 1948 nach London verbannt hatte, um diesen entschiedenen Verfechter der Unabhängigkeit besser kontrollieren zu können.

Wegen seiner geographischen Binnenlage ist Botsuana wirtschaftlich stark von Südafrika abhängig. Die bedeutendsten Seehäfen sind Durban und Kapstadt; etwa 90% der Importe kommen aus dem großen Nachbarland. Seit den 70er Jahren hat die Wirtschaft Botsuanas durch die Erschließung von Kupfer-, Nickel-, Steinkohlen- und vor allem Diamantenvorkommen einen beachtlichen Aufschwung erlebt, der allerdings nicht verschleiern kann, daß der Binnenstaat immer noch ein armes, auf internationale Unterstützung angewiesenes Entwicklungsland ist.

Obwohl die Anzahl der Botsuaner, die im Bergbau beschäftigt sind, ständig zunimmt, arbeitet ein Großteil der Bevölkerung nach wie vor in der Landwirtschaft: In den Savannen wird vorwiegend traditionelle Viehzucht betrieben. Die Kalahariwüste, der Lebensraum der San, die sich den schwierigen Bedingungen in dieser riesigen Trockensavanne hervorragend angepaßt haben, galt bis zur Entdeckung von Diamantenvorkommen als ökonomisch vollkommen uninteressant.

◀ *Einflüsse westlicher Zivilisation und traditionelle Lebensformen verschmelzen bei zahlreichen Bantuvölkern im südlichen Afrika zu einer eigenartigen Mischkultur.*

Bewohner der Kalahari

San und Nama

Die San – auch Buschleute oder Buschmänner genannt – unterscheiden sich in anthropologischer Hinsicht vollständig von allen anderen Völkern außer den Nama, mit denen sie verwandt sind. Neben ihrer geringen Größe – im Durchschnitt 1,45 m – weisen sie weitere Eigenheiten auf: Sie haben eine stark gerunzelte Haut, keinen Bartwuchs, kurzes Kraushaar sowie eine breite, flache Nase. Wegen ihrer gelblichbraunen Hautfarbe glaubte man früher an eine asiatische Abstammung der San – eine Hypothese, die jedoch inzwischen fallengelassen wurde.

Es gilt als relativ sicher, daß die San und die Nama, die auch unter der heute nicht mehr sehr gebräuchlichen Bezeichnung „Hottentotten" bekannt sind, einst als einzige Bewohner Afrikas südlich des Sambesi lebten. Die San gelten als die Schöpfer einzigartiger, jahrtausendealter Felsmalereien, deren älteste aus der späten Steinzeit stammen. Berühmt sind die Felszeichnungen in den Drakensbergen, doch in allen Gebirgen des südlichen Afrika bedecken sie Felswände und das Innere von Höhlen, die von den Stämmen bewohnt wurden. Eine genaue Datierung der Malereien, die vor allem Jagdszenen, Tiere und rituelle Handlungen darstellen, ist bis heute noch nicht gelungen. Außer Gravierungen finden sich ein-

▲ *Ein Großteil der Tswana, der bedeutendsten Bevölkerungsgruppe Botsuanas, lebt von der Viehwirtschaft. Trotz eines Bestandes von fast 3 Mio. Tieren bringt die Rinderzucht in den riesigen Trockengebieten des Landes nur geringe Erträge.*

und mehrfarbige Zeichnungen, wobei ältere, monochrome Fresken sich oft unter Bildern neueren Datums verbergen. Die Farbstoffe, u.a. Kaolinerden, Roteisenstein und Holzkohle, trugen die San auf ihren Wanderungen in kleinen Behältern aus Antilopenhörnern bei sich. So konnten sie Ereignisse, die ihnen bemerkenswert erschienen, gewissermaßen vor Ort festhalten, indem sie auf flachen Steinen Skizzen anfertigten, die sie später als Vorlage für ihre Felszeichnungen verwendeten.

Im April 1652 landeten drei Schiffe unter der Leitung des Holländers Jan van Riebeek am Kap der Guten Hoffnung. Die Europäer legten einen befestigten Stützpunkt an, der zu einer Kolonie heranwuchs, in der überwiegend Ackerbau und Viehzucht betrieben wurden. Diese ersten holländischen Siedler gaben den San den Namen „Buschmänner"; sie waren erstaunt, daß die kleinwüchsigen Jäger keine festen Hütten bewohnten, sondern sich nur durch provisorische, aus Gras und Zweigen errichtete Konstruktionen gegen Wind und Wetter schützten.

Holländische Schiffe brachten unaufhörlich neue Einwanderer, so daß die Kapkolonie sich rasch vergrößerte und eine Ausdehnung des Siedlungsgebiets in das Innere des Landes notwendig machte. Der Lebensraum der San wurde zunehmend kleiner; die Holländer vertrieben das Jagdwild der von der Wildbeuterei lebenden Buschleute, die, um zu überleben, das Vieh der weißen Siedler „erlegten". Die Holländer rächten sich durch die Ausrottung ganzer Stämme, die Flüchtenden wurden verfolgt und entweder getötet oder versklavt.

Die San, die der Verfolgung entgehen konnten, zogen sich in die Drakensberge in Lesotho zurück, deren Steilhänge und Schluchten nur schwer zugänglich waren. Doch das Gebiet beherbergte bereits ihre nächsten Widersacher: Bantustämme, die sich am Ende einer langen Wanderung in dieser Region angesiedelt hatten. Nach kurzem, ungleichem Kampf gegen die zahlenmäßig überlegenen Bantu war das Schicksal der Buschleute entschieden. Die Überlebenden flohen in ein menschenleeres, riesiges Gebiet, das weder Weißen noch Schwarzen wertvoll erschien und aus dem sie daher nicht vertrieben wurden – die Kalahari.

Gaborone

Die junge Hauptstadt

Botsuana gehört mit einer Bevölkerungsdichte von knapp 2,3 Einw./km² zu den am dünnsten besiedelten Staaten Afrikas. Fast vier Fünftel des Landes sind nahezu unbewohnt, ein Großteil der etwa 1,3 Mio. Einwohner siedelt längs der Ostgrenze des Landes. In der Kolonialzeit erhöhte sich die Bevölkerungskonzentration in dieser Region durch den Bau einer Bahnlinie, die von Kapstadt in das heutige Simbabwe führte.

Im Osten des Landes, nur wenige Kilometer von der südafrikanischen Grenze entfernt, liegt auch Gaborone, die Hauptstadt der jungen Republik. Seit ihrer Gründung 1966 hat die Stadt, die heute 138500 Einwohner beherbergt, eine rasche Entwicklung

▲ *Dieser junge San trinkt aus einem Straußenei. Das stark ausgeprägte Hohlkreuz ist ein typisches anatomisches Merkmal seines Volkes.*

genommen. In der unbestrittenen Metropole lohnt ein Besuch des Nationalmuseums, das einen hervorragenden Überblick über die geschichtliche und kulturelle Entwicklung des Landes gibt.

Über 80 % der Bevölkerung gehören den Bantuvölkern an, deren acht große Stämme wiederum zu den Tswana zählen. Die Tswana, die seit dem 14. Jh. von Nordosten her in das Innere des südlichen Afrika einwanderten, bewohnen Hüttendörfer und leben in erster Linie von der extensiven Rinderhaltung. Viele von ihnen arbeiten jedoch inzwischen auch in den Bergbaugebieten Südafrikas oder Botsuanas und werden dadurch aus ihren traditionellen Lebenszusammenhängen gerissen. Auch im benachbarten Namibia, wo die Tswana zu den Minderheiten zählen, arbeiten viele der ehemaligen Halbnomaden in den Städten oder auf den Farmen der weißen Siedler.

◀ *Die nomadisierenden San errichten bei ihren Streifzügen nur äußerst einfache Unterkünfte, die kaum mehr als einen Schutz gegen den Wind darstellen.*

▶ *Die San, die bereits seit Jahrtausenden im südlichen Afrika leben, haben an Felswänden und in Höhlen faszinierende Felsmalereien hinterlassen, die vor allem Jagdszenen und Wildtiere darstellen.*

▲ *Der im Jahr 1868 von David Livingstone entdeckte Bangweulusee im Nordosten Sambias bildet das Zentrum eines ausgedehnten Sumpfgebietes. Die 4500 km² große Wasserfläche des für seinen Fischreichtum bekannten Sees kann sich während der Regenzeit verdoppeln.*

Sambia

Der Sambesi, der längste Strom des südlichen Afrika, gab dem an Bodenschätzen reichen Land den Namen. Im „Kupfergürtel" an der Grenze zum Nachbarland Zaire liegt eines der größten Bergbaugebiete des Kontinents.

SAMBIA, das im Zentrum des südlichen Afrika gelegene ehemalige Nordrhodesien, besteht überwiegend aus einem nach Süden geneigten riesigen Granitplateau in 900–1500 m Höhe, das von zwei tiefen Schluchten – dem Kafue- und dem Sambesital – gegliedert wird. Da die Mehrheit der Flüsse in flachen Mulden fließt, haben sich Überschwemmungsgebiete und Sumpflandschaften gebildet.

Schon im zweiten Drittel des vorigen Jahrhunderts hatten die Briten ihr Augenmerk auf dieses noch unberührte Territorium gerichtet. Eine entscheidende Rolle bei der Kolonisierung der Region spielte Cecil Rhodes, der Gründer der British South Africa Company, die ab 1891 das nördlich des Sambesi gelegene Barotseland verwaltete und in den folgenden Jahren ihren Einfluß auf das gesamte Gebiet des heutigen Sambia ausdehnte.

Das Protektorat Nordrhodesien, wie das von der British South Africa Company beherrschte Gebiet seit 1911 hieß, wurde im Jahr 1924 der Aufsicht des Kolonialamtes in London unterstellt. Der Bildung der Zentralafrikanischen Föderation mit dem Njassaland, dem heutigen Malawi (1953), folgten Jahre des Unabhängigkeitskampfes. Ein Jahr nach dem Zerfall der Föderation entstand die unabhängige Republik Sambia, die bis 1992 von Kenneth D. Kaunda, ihrem ersten Präsidenten, regiert wurde.

Das Land ist einer der wichtigsten Kupfererzproduzenten der Welt; im sogenannten Kupfergürtel an der Grenze zu Zaire liegt ei-

▲ *Die Masken einiger Bantustämme bestehen aus Fasern von Baumrinden, die bemalt und an einem Rattangestell befestigt werden.*

nes der größten Bergbaugebiete Afrikas. Der Fremdenverkehr in Sambia steckt demgegenüber noch in den Anfängen, dabei teilt sich das Land mit Simbabwe eines der größten Naturwunder der Erde: die Victoriafälle des Sambesi. Auf einer Breite von 2 km stürzt der Fluß mehr als 100 m in die Tiefe einer schmalen Schlucht. Als erster Europäer gab David Livingstone 1855 von diesem faszinierenden Naturschauspiel Kunde, heute begeistert es unzählige Touristen.

Heimat vieler Völkerschaften

Bemba, Lozi, Tonga ...

Der östliche Teil des Landes wird vom Luangwagraben, dem südlichen Bereich des Rift Valley, geprägt. Der Süd-Luangwa-Nationalpark ist eines der schönsten Wildtierreservate Afrikas, ein Paradies für Löwen, Elefanten, ... Westlich des Luangwa, der bei Feira in den Sambesi mündet, erstreckt sich die einförmige Landschaft der Serenjehochebene mit ihren morastigen *Dambos*, flachen Flußtälern am Oberlauf der Plateauflüsse. Der Bangweulusee im Nordwesten ist von einem breiten Sumpf gesäumt, der während der Regenzeit einen großen Teil der Tiefebene bedeckt. Es ist das Land der Bisa, die mit den Bemba und Lemba eine in mehrfacher Hinsicht homogene Bevölkerungsgruppe bilden, da sich ihre Lebensweise und Sozialstruktur entsprechen.

Die Bemba, die im 17./18. Jh. aus dem Gebiet des heutigen Zaire kamen, beherrschten einst die Region von Zaire bis zum Tanganjikasee. Ihr Reich zerfiel mit der Ankunft der Europäer am Ende des vorigen Jahrhunderts. Heute bewohnen die Bemba, die früher als mutige Krieger gefürchtet waren, das Hochplateau im Norden Sambias. Bei den Bemba trifft man noch auf Reste des Matriarchats: Sie sind der Ansicht, daß die Abstammung über die Frauen und nicht über die Männer verläuft und daß jedes Individuum seine eigenen Schutzgeister hat. Wenn eine Frau schwanger ist, richtet sich der Geist eines Vorfahren in ihrem Bauch ein und wird zum Beschützer des Kindes.

Im Südwesten Sambias leben die auch als Barotse bekannten Lozi. Ihr einflußreicher Häuptling Lewanika war Herrscher eines Staatswesens, das sich Mitte des 19. Jh. am oberen Sambesi formiert hatte. Mit seiner mächtigen Armee hatte er zahlreiche Siege über feindliche Stämme errungen und befand sich schließlich im Besitz einer reichen Beute an Sklaven und Vieh. 1891 unterzeichnete er einen Schürf- und Handelsvertrag mit der British South Africa Company; neun Jahre später wurde er zur Unterwerfung gezwungen.

Die Lozi, die vermutlich ebenso wie die Bemba aus Zaire kamen, stellen etwa 10 % der Gesamtbevölkerung Sambias. Sie sind vor allem Viehzüchter, leben aber auch von der Jagd, vom Fischen und vom Sammeln. Die jahreszeitlich bedingten Überflutungen erfordern zwei Wohnstätten: eine auf einer Erhebung, die sich zur Regenzeit in eine Insel verwandelt, die andere im Tal auf den fruchtbaren Böden, die sie während der Trockenzeit bewohnen.

Die Tonga, die früher dem legendären Monomotapa-Reich angehörten, leben in der Sinazongwe-Region am Sambesi von der Rinderzucht und der Fischerei. Sie gehören zu den etwa 50 000 Menschen, die Ende der 50er Jahre umgesiedelt werden mußten, als der Karibastausee ihr Siedlungsgebiet überflutete. Die Tonga haben sich ihre traditionelle Lebensweise auch in der neuen Heimat bewahrt – allen Versuchen zum Trotz, sie zu Ackerbauern zu machen.

▶ *Bei den Initiationszeremonien am Übergang von der Jugend zum Erwachsenenalter tragen die Tänzer prächtige Masken und Kostüme, die ihren Körper vollständig bedecken.*

▶ ▶ *Eines der größten Naturwunder der Erde: die Victoriafälle des Sambesi, die von der einheimischen Bevölkerung* Musi-o-Tunja, *„Donnernder Rauch", genannt werden. Auf einer Breite von fast 2 km stürzen die tobenden Wassermassen in eine über 100 m tiefe Schlucht, aus der gewaltige Gischtwolken emporsteigen.*

▲ *Leicht gewellte Hügel und von steilen Felswänden umrahmte grüne Täler haben Simbabwe den Beinamen „Afrikanische Schweiz" eingebracht. Die Vumbaberge bei Mutare, welche die Grenze zu Mosambik bilden, erreichen Höhen von mehr als 2000 m.*

Simbabwe

Nach jahrelangem Befreiungskampf erlangte das ehemalige Rhodesien 1980 die Unabhängigkeit. Heute gilt das Land zwischen Sambesi und Limpopo als beispielhaftes Modell für eine Politik der nationalen Versöhnung.

SIMBABWE, das Land zwischen den großen Strömen Sambesi und Limpopo, zählt mit einer Fläche von knapp 391 000 km² zu den kleineren Staaten des südlichen Afrika, groß ist jedoch sein Reichtum an landschaftlichen Schönheiten, zu deren spektakulärsten sicherlich die gewaltigen Victoriafälle des Sambesi zählen.

Vermutungen und Legenden umranken die Geschichte des Landes bis etwa in das 10. Jh. n. Chr. Zahlreiche Ethnologen und Historiker sind sich jedoch einig, daß Bantustämme zwischen dem 7. und 10. Jh. von Norden her über den Sambesi eindrangen und in den folgenden Jahrhunderten flächendeckend siedelten. Seit dem 11./12. Jh. kam – vermutlich aus dem Gebiet des heutigen Zaire – das Volk der Schona in das Land und ließ sich auf dem Plateau von Simbabwe nieder. Ihr glanzvolles Reich wurde durch geheimnisvolle Erzählungen von Reisenden auch in Europa bekannt – die Informationen waren jedoch sehr ungenau und zum Teil widersprüchlich.

Portugiesen waren die ersten Europäer, die sich für das legendäre Reich interessierten, in dem es zahllose Goldminen geben sollte und dessen mächtiger Herrscher als Monomotapa, „Herr der Bergwerke", verehrt wurde.

Mosambik, wo Anfang des 16. Jh. zahlreiche Handelsstützpunkte entstanden waren, diente als Ausgangspunkt für Erkundungsreisen in die geheimnisumwitterte Gegend. Es gelang den Portugiesen jedoch erst um das Jahr 1630, in das Herrschaftsgebiet des

▲ *Die geheimnisvollen Ruinen von Groß-Simbabwe gehören zu den ungelösten Rätseln der Archäologie. Ihr deutscher Entdecker Karl Mauch hielt sie 1871 für das legendäre Goldland Ophir des Königs Salomo. Vom Nordeingang der „Großen Ellipse" führt ein schmaler, von einer zweiten Mauer begrenzter Weg zu einem konischen Turm, der heute eines der Wahrzeichen des Staates Simbabwe ist.*

Monomotapa einzudringen und das Heer der Schona zu besiegen. Das Reich hatte zu diesem Zeitpunkt jedoch schon viel von seiner einstigen Bedeutung eingebüßt, und von den unermeßlichen Reichtümern, die sich die Portugiesen erhofft hatten, war kaum etwas geblieben.

Steinerne Geschichte

Das Rätsel von Simbabwe

1871 entdeckte der deutsche Geologe Karl Mauch die Ruinen von Groß-Simbabwe, das den Herrschern des sagenumwobenen Reiches als Residenz gedient hatte. Mauch, der sich neun Monate in der Region aufhielt, untersuchte die 30 km südlich von Masvingo gelegene Ruinenstätte in allen Einzelheiten und gelangte schließlich zu der Auffassung, er habe das legendäre Goldland Ophir des Königs Salomo entdeckt.

Die archäologische Fundstätte setzt sich aus insgesamt drei Komplexen zusammen, die als Akropolis, Tempel und Tal der Ruinen bezeichnet werden. Die ältesten Steinwälle stammen vermutlich aus dem 11. Jh. Die sogenannte Akropolis auf dem Gipfel eines etwa 100 m hohen Hügels besteht aus einer Reihe von Einfriedungen und Höfen, die von meterdicken, perfekt gesetzten Trockenmauern aus behauenen Steinen umgeben sind. Vermutlich handelte es sich bei der Akropolis um ein religiöses Zentrum, in dem Priester die Götter anriefen; möglicherweise diente sie darüber hinaus als Nekropole der Könige.

Am Fuß des Hügels steht das beeindruckendste Bauwerk von Groß-Simbabwe – ein elliptischer Ringwall von 250 m Länge, 10 m Höhe und einer Basisbreite von 5 m, der eine innere Mauer und einen konischen Turm einschließt. Die Funktion des Tempels – so der Name, den europäische Forscher dem Gebäudekomplex gaben – ist unklar; möglicherweise diente der Turm religiösen Zwecken, während die Gesamtanlage entweder als Wohnhaus der Frauen des

▲ *Die auch als „Tempel“ bezeichnete Große Ellipse diente vielleicht als Residenz des Monomotapa. Dieser legendäre Herrscher gebot einst über ein großes Bantureich, das vor 500 Jahren seinen Reichtum aus dem Handel mit Gold, Elfenbein und Sklaven bezog (Ruinen von Groß-Simbabwe).*

Königs oder aber als Residenz der Herrscher genutzt wurde.

Im Tal der Ruinen sind die Grundmauern früherer Häuser aus Strohlehm erhalten geblieben, in denen wahrscheinlich die Gefolgschaft der Könige wohnte.

Diese außergewöhnliche Zivilisation erreichte zu Beginn des 15. Jh. ihre größte Blüte, über 100 Jahre vor der Ankunft der Europäer. Ende des 17. Jh. fiel das Gebiet des ehemaligen Monomotapareichs an die Rotse, ein Bantuvolk, das ebenfalls aus dem Norden kam. Das Reich der Rotse hielt sich bis in die 30er Jahre des 19. Jh.; zwischen 1834 und 1836 drangen aus dem Süden die mit den Zulu verwandten Matabele in das Land ein und kontrollierten weite Teile der Region zwischen Sambesi und Limpopo.

Das Matabeleland

Im Süden

Im Süden Simbabwes erstrecken sich das zum großen Teil ebene Niederveld und die Limpoposenke, eine ausgedehnte Savannenlandschaft mit Grasfluren und Miombowäldern. Diese wenig anziehende, dünnbesie-

▲ *Die Werke moderner Bildhauer in Simbabwe sind reich an Symbolen. Die doppelten Augen dieser Malayi-Skulptur verkörpern die Dualität des zugleich göttlichen und menschlichen Bewußtseins.*

delte Region, in der ein heißes und trockenes Klima vorherrscht, ist ein Verbreitungsgebiet der Tsetsefliege. Hier leben Viehzüchter vom Volk der Karanga, die zur großen Familie der Schonabantu gehören. Entlang der Grenze zu Mosambik wurde 1969 das Tierreservat Gonarezhou eingerichtet, in dem über 5000 Elefanten und u. a. auch Giraffen, Löwen, Flußpferde, Büffel und Antilopen leben.

Unweit davon befinden sich an den Ufern des Flusses Chiredzi Höhlen, deren Wände von Buschleuten (San) mit Fresken verziert wurden. Dargestellt sind vor allem Jagdszenen; die Jäger sind meist mit Bogen und Speer bewaffnet. Die Farbstoffe sind hervorragend erhalten geblieben: Hämatit für Rot, Limonit für Braun, Kaolin für Weiß. Die abgebildeten Tiere, deren Bewegungen außerordentlich geschickt festgehalten sind, zeugen von der Artenvielfalt der Fauna in den vergangenen Jahrhunderten.

Weiter im Südwesten schließt sich an das Zentralplateau das Mittelveld an, eine sehr fruchtbare Landschaft mit mildem Klima und reichen Goldvorkommen. Hier gründeten Europäer im Jahr 1893 in 1360 m Höhe die Stadt Bulawayo. Der Missionar Robert

▲ *Maultrommel auf afrikanisch: Ein Bantumusiker entlockt seiner Mundharfe die verschiedensten Töne, indem er den Mund als Resonanzkörper benutzt.*

Moffat, der Schwiegervater von Livingstone, hatte unweit davon 1859 die Missionsstation Inyati errichtet. Mit etwa 480 000 Einwohnern ist Bulawayo die zweitgrößte Stadt des Landes und Hauptstadt des südlichen Matabelelandes.

Zu Beginn des 19. Jh. lebten die Matabele weiter im Süden. Es war die Zeit des großen Chaka, eines gefürchteten Zuluherrschers, der mit Geschick und Brutalität die umliegenden Völker unterwarf. Auch Mzilikatse, der Häuptling der Matabele, war gezwungen, für sein Volk ein neues Siedlungsgebiet zu suchen. Die Wanderung nach Nordwesten war sehr entbehrungsreich; im Transvaalgebiet mußte sich Mzilikatse im Kampf mit dem Stamm der Sotho den Weiterweg erzwingen. Diese Periode fällt außerdem mit dem Großen Treck der Buren zusammen, und diesem neuen, weit besser bewaffneten Kontrahenten bei der Landsuche konnten die Matabele nichts entgegensetzen. Mzilikatse ließ sich mit seinem Volk schließlich in der Gegend des heutigen Bulawayo nieder. Durch die Eingliederung der Schona und Rotse, die bereits hier siedelten, entstand das Reich der Matabele. Doch schon 1853 begann die Macht der Matabele zu schwinden; ein Vertrag ihres Königs mit der Südafrikanischen Republik sicherte den Buren den Zugang zu ihrem Siedlungsgebiet und leitete damit den Beginn der Kolonisation ein. An den Bodenschätzen, die im Matabeleland vermutet wurden, waren auch die Engländer interessiert, die Ende der 80er Jahre zunehmend Einfluß in der Region ge-

▶ *In der Nähe der Ruinen von Groß-Simbabwe vermittelt ein typisches, bis ins kleinste Detail wiederaufgebautes Dorf einen Einblick in die Lebensweise des Bantustammes der Karanga im letzten Jahrhundert.*

wannen. Ein dem Nachfolger Mzilikatses, König Lobengula, abgehandelter Vertrag sicherte den Briten Einfluß und Konzessionen. Gegen den Zustrom der zahlreichen Europäer erhoben sich die Matabele 1893. Der Aufstand wurde brutal niedergeschlagen – zwei tote Weiße gegen 15000 tote Matabele! Die Annexion ihres Territoriums war nicht aufzuhalten, aus Matabeleland wurde 1894 Rhodesien.

Wunder am Sambesi

„Donnernder Rauch"

An der Nordgrenze Simbabwes fällt das Hochland zur Talmulde des Sambesi ab. Das Territorium verjüngt sich und bildet einen von Botsuana und Sambia umschlossenen Landzipfel. Der mit 2660 km längste Fluß des südlichen Afrika fließt hier gemächlich durch eine flache Landschaft und bildet auf einige Kilometer die Grenze zwischen Sambia und Simbabwe. Vor der Felsschwelle einer Schlucht fächert er sich deltaartig auf, um dann plötzlich mit gewaltigem Tosen in die schmale querverlaufende Basaltschlucht zu stürzen. Mehrere hundert Millionen Liter Wasser fallen auf ungefähr 1700 m Breite in den ungeheuren Felsspalt, aus dem sich die wilde Flut in drei zickzackförmig verlaufenden Schluchten brodelnd einen Ausweg sucht, um dann wieder in einem breiten Tal beruhigt dahinzuströmen.

David Livingstone erblickte 1855 als erster Europäer die riesigen Wasserfälle. „Dies ist ein so wunderschöner Anblick, daß selbst Engel im Fluge innehalten", notierte der Missionar ergriffen in seinem Tagebuch. Von tiefer Freude erfüllt, empfand er diesen Moment als Belohnung für die übermenschlichen Anstrengungen, die er auf sich genommen hatte, um diesen Ort überhaupt zu erreichen. Zusammen mit seinen Trägern war er mit einer Piroge den Sambesi flußabwärts gefahren, als er in der Ferne seltsamen Dampf erblickte, der den vom Wind verwehten Rauchschwaden eines Buschfeuers glich. Die in dieser Gegend lebenden Bantu fanden für das Phänomen der über 60 km weit sichtbaren Gischtwolken einen sehr treffenden Namen: *Musi-o-Tunja*, „Donnernder Rauch". Auch Livingstone nahm ein Dröhnen wahr, das aus den Tiefen der Erde emporzusteigen schien, ein donnerndes Brausen, das der heutige – nun aber vorbereitete und erwartungsvolle – Besucher schon in 20 km Entfernung wahrnehmen kann.

Etwa 450 km unterhalb der Victoriafälle versperrt in einer weiteren Schlucht ein 125 m hoher, elegant geschwungener Staudamm dem Fluß den Weg und staut seine Wassermassen zum fast 300 km langen Karibasee, der mit einem Fassungsvermögen von 180 Mrd. m^3 zu den größten Stauseen der Erde zählt. Sowohl auf der Seite, die zu Simbabwe gehört, als auch im sambischen Teil des Sees sind dicht vor der Staumauer in Felskavernen leistungsfähige Kraftwerke angelegt worden.

◀ *Die Matabele, die während des 19. Jh. von einem feindlichen Stamm nach Westen vertrieben wurden, gehören zum Volksstamm der Zulu. Ihre Tänze, in deren Mittelpunkt die traditionellen Waffen stehen, erinnern noch heute an eine kriegerische Vergangenheit.*

▲ *Die Vorfahren der Buschleute (San) waren die ersten Bewohner Simbabwes. Die jahrtausendealten Felsenmalereien, die sie in zahlreichen Höhlen des Landes hinterließen, zählen zu den größten Kunstschätzen des südlichen Afrika.*

Harare

Die grüne Hauptstadt

Die Hauptstadt Harare, das ehemalige Salisbury, ist eine moderne Stadt mit breiten Straßen, grünen Bäumen und blühenden Gärten. Sie liegt auf dem durchschnittlich 1500 m hohen Hochveld, dem ausgedehnten Zentralplateau. Es herrscht ein angenehmes tropisches Trockenklima; die Höhenlage mildert die Temperaturen, belebende Frische und strahlendes Licht sind die Trümpfe dieses vom Klima begünstigten Or-

▲ *Die durch Wind- und Wassererosion geformten „Balancierenden Felsen" gehören zu den größten Attraktionen des Matopos-Nationalparks südlich von Bulawayo. Auf einem im Park gelegenen Berg befindet sich das Grab Cecil Rhodes', des Gründers der Britisch-Südafrikanischen Gesellschaft, der dem ehemaligen Rhodesien seinen Namen gab.*

tes, der heute ungefähr 1 Mio. Einwohner beherbergt.

An einem Septembertag des Jahres 1890 erkletterten drei britische Offiziere – Aufklärer einer Pionierkolonne – im Mashonaland einen Hügel, um einen Überblick über die Region zu gewinnen. Sie blickten zu ihrer Überraschung in ein freundliches, von einem Fluß durchzogenes Tal, dessen Vegetation sie an das heimatliche Europa erinnerte. Unweit des kleinen Dorfes Harare errichteten sie ein Camp, später ein Fort, das sie nach dem britischen Premierminister Lord Salisbury benannten.

Nach den Pionieren kamen die Missionare, die Abenteurer und die Goldsucher. Cecil Rhodes, der mächtigste Mann der Kapkolonie, organisierte die Besetzung des Mashonalandes. Im Jahr 1923 fiel Südrhodesien, wie das von der Britisch-Südafrikanischen Gesellschaft kontrollierte Gebiet genannt wurde, als Kronkolonie an Großbritannien. Durch die Vereinigung mit Nordrhodesien (Sambia) und Njassaland (Malawi) entstand 1953 die Zentralafrikanische Föderation, die zehn Jahre später wieder zerbrach. Als Großbritannien 1964 Sambia und Malawi in die Unabhängigkeit entließ, diese aber Rhodesien, wie die Kolonie Südrhodesien seit 1964 hieß, verwehrte, weil die weißen Siedler die britische Forderung nach voller Regierungsbeteiligung der Afrikaner nicht erfüllten, erklärten die Kolonisten unter Ministerpräsident Ian Smith einseitig die Unabhängigkeit der Republik Rhodesien.

Großbritannien brach daraufhin alle Beziehungen zu seiner ehemaligen Kolonie ab; internationale Sanktionen und ein Handelsembargo stellten die junge Republik vor keine größeren wirtschaftlichen Probleme, da Portugal und vor allem Südafrika weiterhin Wirtschaftsbeziehungen mit Rhodesien unterhielten.

Zum Sturz der Regierung Smith und zum Zerfall der weißen Regierungsmacht führten

◀ *Vom Kopje, einem Hügel am Westrand von Harare, hat man einen hervorragenden Ausblick auf die moderne Skyline der Landeshauptstadt. Das ehemalige Salisbury wurde Ende des 19. Jh. von britischen Soldaten gegründet.*

▲ *Die Chimanimaniberge an der Grenze zu Mosambik gehören zu den südlichsten Randgebirgen des Zentralafrikanischen Grabenbruchs. Erosion formte aus den Granit- und Sandsteinbänken bizarre Felsformationen.*

schließlich die ständig zunehmenden Guerillaaktionen der militanten Befreiungsbewegungen ZANU und ZAPU, deren Führer Mugabe und Nkomo sich trotz ideologischer Differenzen zu einem Bündnis bereit fanden. 1979 wurde im Rahmen einer Commonwealth-Konferenz die Durchführung von Wahlen unter Einschluß der ZANU und der ZAPU beschlossen und damit zugleich das Ende der weißen Herrschaft in Rhodesien eingeleitet.

Aus den Wahlen ging zwar die ZANU als Siegerin hervor, doch an der ersten Regierung des seit April 1980 unabhängigen Simbabwe war auch die ZAPU beteiligt. Die Führer der Befreiungsbewegungen haben sich nach der Erlangung der Unabhängigkeit als pragmatische Politiker erwiesen, denen es gelungen ist, einen weitgehenden Ausgleich zwischen den Rassen zu schaffen. Ungelöst ist jedoch nach wie vor die Landfrage, da sich ein großer Teil des Bodens noch immer in der Hand weißer Siedler befindet.

▶ *In einem Park der am südlichen Ufer des Sambesi gelegenen Stadt Victoria Falls erhebt sich ein gewaltiger Baobab (Affenbrotbaum).*

▲ *Mit einer Länge von 580 km, einer maximalen Tiefe von mehr als 600 m und einer Oberfläche von fast 30 000 km² ist der von goldfarbenen Sandstränden umgebene Malawisee das drittgrößte Binnengewässer des afrikanischen Kontinents.*

Malawi

Malerische Wasserfälle, ausgedehnte Waldgebiete und fischreiche Seen – mit seinem Reichtum an unberührten Naturschätzen ist das „Land des Feuers“ im Südosten Afrikas einer der schönsten Staaten des Kontinents.

MALAWI, das ehemalige Njassaland, ist einer der kleinsten Staaten Afrikas. Das Land ist nahezu vollständig in das Ostafrikanische Grabensystem eingebettet, jene riesige Narbe der Erdkruste, die sich bis zum Roten Meer erstreckt. Die starke Schollenhebung am Ende des Mesozoikums ließ zwischen den steilen Bruchstufen Gräben entstehen, die von ausgedehnten und teilweise sehr tiefen Seen ausgefüllt wurden; beim Tanganjika- und Malawisee liegt die Grabensohle mehrere hundert Meter unter dem Meeresspiegel. Die Bruchtektonik löste zugleich einen starken Vulkanismus aus. Diesen geologischen Vorgängen verdankt Malawi seine große landschaftliche Vielfalt: eindrucksvolle, von Schluchten durchzogene Bergketten kontrastieren mit parkähnlichen Savannenlandschaften und Waldgebieten. Erloschene Vulkane erheben sich in der Umgebung des Malawisees, dessen Ufer von Riesenpapyrusstauden gesäumt und von Krokodilen und Flußpferden bevölkert sind. Der fischreiche Malawisee ist mit einer Fläche von fast 30 000 km² der drittgrößte See Afrikas. Der Malombesee und das Shiretal leiten über zu den zerklüfteten Gipfeln des Mulanjemassivs im Südosten des Landes. In der nordwestlich gelegenen Region um Mzimba, die an die schönsten Landschaften Schottlands erinnert, erheben sich die malerischen, von Wäldern bedeckten Hochebenen von Vipya und Nyika.

Die Nationalparks von Nyika, Kasungo und Lengwe beherbergen eine artenreiche

▲ *Raphiabast, der aus den Fasern der gleichnamigen Palme gewonnen wird und viele Verwendungsmöglichkeiten bietet, ist in Malawi eines der Hauptprodukte der Landwirtschaft.*

Tierwelt; u. a. leben hier Zebras, Löwen, Leoparden, Antilopen und Elefanten. Das größte der drei bedeutenden Wildschutzreservate, der Nyika-Nationalpark, fasziniert den Besucher mit einer sanftgewellten Hügellandschaft und ausgedehnten Waldgebieten. Besonders reizvoll ist der Park auch durch die über 100 Orchideenarten, die hier gezählt wurden.

Ein historischer Abriß

Livingstone entdeckt das Njassaland

Portugiesen waren die ersten Europäer, die das Njassaland erkundeten. Bereits im 17. Jh. drangen sie von Mosambik aus in das Innere des Landes vor, in der Hoffnung, ihr Kolonialreich um fruchtbare Gebiete zu erweitern.

Der eigentliche Entdecker des Njassalandes jedoch war David Livingstone, der forschende Missionar aus Schottland. Nicht zuletzt wegen seiner exakten Höhenbestimmungen, seiner detailreichen Reisebeschreibungen und seiner genauen topographischen Skizzen gilt der wissenschaftliche Autodidakt heute als bedeutendster Afrikaforscher überhaupt.

Livingstones Aufzeichnungen wiesen weiteren schottischen Missionaren den Weg, die nach dem Tod des großen Entdeckers im Jahr 1873 eine Expedition in das Gebiet um den Malawisee antraten. Bald nach den schottischen Missionaren kamen britische Siedler. Das Njassaland sollte zusammen mit den beiden Teilen Rhodesiens das Gerüst für ein britisches Zentralafrika bilden. 1981 erklärte Großbritannien das Land zum Protektorat. Unter dem Vorwand, gegen den Sklavenhandel zu kämpfen, entledigten sich die Briten der mit ihnen konkurrierenden Portugiesen. Die Finanzverwaltung des Njassalandes wurde der British South Africa Company (BSAC) unter der Leitung von Cecil Rhodes anvertraut.

Schon 1904 überführte man das Protektorat in eine britische Kronkolonie. Nach dem Scheitern der Zentralafrikanischen Föderation, in der Rhodesien und das Njassaland bis 1953 verbunden waren, konnte sich Dr. Hastings Banda, einer der herausragenden Kämpfer für die Unabhängigkeit seines Landes, gegen die Vorherrschaft der Weißen behaupten. 1961 erhielt seine Partei bei den ersten allgemeinen Wahlen eine deutliche Mehrheit.

Seit der Erlangung der Unabhängigkeit im Jahr 1964 heißt der Staat Malawi, das „Land des Feuers". Rund drei Jahrzehnte wurde es von Hastings Banda in der Art eines allmächtigen Stammeshäuptlings regiert. Der greise Präsident, der Ende 1993 mit dem Tod rang, sich jedoch wieder erholte, hatte lange neben dem Amt des Staatschefs auch alle führenden Posten der Regierung inne. Vor allem in seiner Außenpolitik zeichnete er sich durch einen äußerst pragmatischen Kurs aus. Malawi war der erste unabhängige Staat Afrikas, der diplomatische Beziehungen zu Südafrika aufnahm, um sich so wirtschaftliche Vorteile zu verschaffen – ein Großteil der Importe kommt von dort.

Völker und ihre Sitten

Yao, Makonde und Ngoni

Malawi zählt mit 74 Einw./km^2 zu den am dichtesten besiedelten Ländern Afrikas. Die Yao im Südosten der Republik gehören zu den größten Bevölkerungsgruppen des Landes. Im Gegensatz zu ihren Nachbarn im Süden sind sie keine Viehzüchter, sondern in erster Linie Ackerbauern. Sie stammen ursprünglich nicht aus dieser Region und mußten, um das Land besetzen zu können, das Volk der Njanja, das in den Höhenlagen ansässig war, vertreiben. Später verwehrten sie anderen Stämmen, wie beispielsweise den Nguru, den Zugang zu den Bergen.

Lange Zeit waren die Yao der mächtigste Stamm im Gebiet des heutigen Malawi. Von den arabischen Sklavenjägern erhielten sie Flinten und Schießpulver im Austausch gegen Elfenbein. Mit der Abschaffung der Sklaverei gegen Ende des 19. Jh. begann die Vormachtstellung der Yao zu bröckeln. Da ihre Haupteinnahmequelle versiegte, fanden sie sich bald auf gleichem Niveau mit den anderen Bevölkerungsgruppen wieder.

Die Yao, die zur Zeit des Handels mit den Arabern zum Islam bekehrt wurden, haben ihre religiösen Traditionen und magischen Rituale dem moslemischen Glauben angepaßt. Ihren Lebensunterhalt bestreiten sie durch den Verkauf eines Teils ihrer Ernten.

Im Norden leben die Makonde, deren ausgeprägtes künstlerisches Gefühl u. a. im äußerst geschickten Tätowieren des Gesichts und des Körpers zum Ausdruck kommt. Berühmt sind die Erzeugnisse ihrer

▲ *Zomba, die ehemalige Hauptstadt Malawis, erstreckt sich auf einem Felsmassiv, dessen höchste Gipfel die Stadt um rund 1200 m überragen.*

eindrucksvollen Schnitzkunst: Lebensbäume, Ebenholzmasken und Statuetten. Seit einigen Jahren haben sie ihre Kunstwerke leider zunehmend dem Geschmack der Touristen angepaßt, wodurch die Objekte an Originalität eingebüßt haben.

Wie die Yao stammen die im Norden lebenden Ngoni ursprünglich nicht aus Malawi. Sie kamen etwa 1820 aus dem weiter südlich gelegenen Gebiet der Zulu, weil sie sich dem legendären Häuptling Chaka nicht unterordnen wollten. Die Ngoni genossen einen Ruf als ausgezeichnete Krieger, und ihr Marsch nach Norden war eine einzige Abfolge von Massakern und Raubzügen. Ihre Kämpfer rekrutierten sie zwangsweise aus den Kindern der Besiegten.
Die traditionelle Kultur der Ngoni, die ungefähr 1 % der Bevölkerung stellen, ist von ihrer ursprünglichen Lebensweise als Krieger und Hirten außerordentlich stark geprägt: der *Ingoma*, ein sehr beeindruckender Tanz, stellt einen heftigen Kampf dar, und bei den feierlichen Ehezeremonien werden Rinder geopfert.

▶ *Ein Großteil des Fangs aus dem äußerst fischreichen Malawisee wird auf Matten in der Sonne gedörrt und anschließend als Trockenfisch verkauft.*

▲ *Die seltenen Breitmaulnashörner sind nach den Elefanten die größten Dickhäuter unserer Erde. Die Jungen der massigen Tiere sind bei der Geburt schon sehr weit entwickelt und können nach etwa einer Stunde auf eigenen Beinen stehen.*

Mosambik

Jahrhundertelang unter portugiesischer Herrschaft, wurde das einstige Urlaubsparadies 1975 in die Unabhängigkeit entlassen. Innere Wirren ließen bis Anfang der 90er Jahre keine geordnete Entwicklung zu, doch jetzt besteht die Hoffnung auf einen dauerhaften Frieden.

MOSAMBIK präsentiert sich als ein sichelförmiges Land mit 2000 km Länge, das an seiner Südspitze vom südlichen Wendekreis durchlaufen wird und sich mit einer mehr als 2500 km langen Küste zum Indischen Ozean hin öffnet. Es ist eines der am stärksten von Europäern geprägten Länder Afrikas, denn fast 500 Jahre lang stand es unter portugiesischem Einfluß.

Spuren der kolonialen Vergangenheit sind vor allem in den Städten erhalten geblieben. Besonders die Landeshauptstadt Maputo, die früher Lourenço Marques hieß, wirkt mit ihren engen Gassen, den schattigen Plätzen und der von Bäumen gesäumten Uferpromenade sehr portugiesisch. Die Straßencafés, in denen man sich zu einem kleinen Schwätzchen trifft, könnten genausogut in Lissabon oder Porto stehen.

Außerhalb der Stadtzentren, in denen die überwiegende Mehrheit der Portugiesen ansässig war, tritt das ursprüngliche, „wirkliche" Afrika in den Vordergrund. Das Leben in den Dörfern hat sich kaum verändert, und die unterschiedlichen Bevölkerungsgruppen konnten sich wichtige Elemente ihrer eigenen Kulturen bewahren.

Nach der Erlangung der Unabhängigkeit im Jahr 1975 hat sich dennoch vieles in der damaligen portugiesischen Kolonie gewandelt, ein jahrelanger Bürgerkrieg erschwerte den Aufbau der Sozialistischen Volksrepublik, die Ende 1990 in „Republik Mosambik" umbenannt wurde. Die Wirtschaft des Staates ist zerrüttet, Hunger meist ständiger Gast in den Wellblechhütten der Slums.

Der Tourismus im einstigen Mekka der Jäger, Sporttaucher und Hochseeangler aus aller Welt kam fast vollständig zum Erliegen; die Nationalparks, die früher zu den größten Sehenswürdigkeiten des Staates gehörten, blieben in den Jahren des Bürgerkriegs weitgehend sich selbst überlassen. Mit dem Gorongosa-Nationalpark nordwestlich der Hafenstadt Beira besitzt Mosambik eines der schönsten Wildtierreservate des ganzen Kontinents; u. a. leben hier Gazellen, Antilopen, Zebras, Elefanten, Büffel, Flußpferde, Löwen und Schakale. Auch das sehr seltene Spitzmaulnashorn und das ebenfalls bedrohte Breitmaulnashorn leben noch in den Savannen von Mosambik.

Bedeutungsvolle Historie

Vasco da Gamas Erbe

Schon seit dem 10. Jh. hatten Araber entlang der Küste Handelsplätze gegründet, so in Moçambique, Quelimane und Sofala. Die Niederlassungen entwickelten sich zu wohlhabenden Stadtstaaten, deren afroarabische Kaufmannsschicht Handel mit Sklaven, Elfenbein und Gold aus den Minen Simbabwes trieb. Im Jahr 1498 landete als erster Europäer der portugiesische Seefahrer Vasco da Gama an der Küste von Mosambik. In den folgenden Jahren wurden die arabischen Händler durch Portugiesen verdrängt, die Niederlassungen dienten nun als Stützpunkte für den Seehandel mit Indien und Ostasien. Erst später gelang den Portugiesen über die Binnenhäfen Sena (1531) und Tete (1560) und den Sambesi der Vorstoß ins Landesinnere. Um 1580 entstanden in diesen beiden Städten die ersten Missionen. Den Portugiesen ging es jedoch weniger um die Verbreitung des Evangeliums als vielmehr um die Suche nach Gold. Mit etwa 1000 Freiwilligen verließ Francesco Barreto die Stadt Sena, um nach dem Edelmetall zu suchen. Er scheiterte zwar, doch folgten andere Expeditionen seinem Beispiel und erreichten schließlich die Minen, die sich im sagenumwobenen Monomotapa-Reich, im Gebiet des heutigen Simbabwe, befanden.

Um die Mitte des 17. Jh. gewannen die Araber wieder stärkeren Einfluß, und mit Unterstützung der Moslems aus Oman-Maskat vertrieben sie schließlich die Portugiesen aus ihren Niederlassungen. Im Jahr 1752 verzichtete Portugal auf alle Besitzungen nördlich des Kap Delgado. In diesem Gebiet kontrollierten nun die Araber den Sklavenhandel, während den Portugiesen im Süden freie Hand gelassen wurde; sie erklärten Mosambik nun offiziell zu einer portugiesischen Kolonie. Ab 1823 begann eine lange Periode voller Konflikte mit Großbritannien, das die Souveränität über Mosambik für sich beanspruchte. Die Versuche der Portugiesen, weiter ins Landesinnere einzudringen, kollidierten mit britischen Gebietsansprüchen.

Im Jahr 1850 verband eine von den Buren aus dem Transvaalgebiet gebaute Eisenbahnlinie Johannesburg mit dem Hafen von Lourenço Marques. Der damit verbundene ökonomische Aufschwung machte aus dem Marktflecken ein wichtiges Wirtschaftszentrum, das 1907 Moçambique als Hauptstadt ablöste. 1930 erhielt Mosambik den Status einer portugiesischen Überseeprovinz, deren Abgeordnete nun auch im portugiesischen Parlament vertreten waren. In den folgenden Jahrzehnten formierten sich zahlreiche Unabhängigkeitsbewegungen. Dem zunehmenden Widerstand gegen die Kolonialherrschaft versuchten die Portugiesen entgegenzuwirken, indem sie der schwarzen Bevölkerung Mosambiks den Erwerb der portugiesischen Staatsbürgerschaft ermöglichten. Im Jahr 1962 schlossen sich einige Unabhängigkeitsbewegungen zur *Frente de Libertação de Mosambik* (FRELIMO) zusammen, nachdem wenige Jahre zuvor eine Demonstration einheimischer Bauern gegen die in der Kolonie übliche Zwangsarbeit blutig niedergeschlagen worden war. Der bewaffnete, u. a. auch von der Sowjetunion unterstützte Kampf dieser Front für die Befreiung Mosambiks begann im Jahr 1964 und führte nach elfjähriger Dauer über mehrere Zwischenstationen zur Unabhängigkeit.

Die Sozialistische Volksrepublik Mosambik hatte vom ersten Tag ihrer Existenz an mit Schwierigkeiten zu kämpfen. Die wirtschaftlichen Probleme des Neubeginns verstärkten sich durch die Flucht der Portugiesen, die das Land zum Teil panikartig verließen, weil sie die Rache der einheimischen Bevölkerung fürchteten. Zudem mußten alle Einwohner, die nicht bereit waren, die mosambikanische Staatsbürgerschaft anzunehmen, den Staat verlassen. Die Einführung einer Planwirtschaft nach sowjetischem Vorbild stürzte das Land in ein ökonomisches Chaos; in den 80er Jahren kam es während einer Dürreperiode zu erheblichen Schwierigkeiten bei der Nahrungsversorgung der Bevölkerung.

Den wirtschaftlichen Aufbau des Landes erschwerten auch die terroristischen Aktivitäten der RENAMO, einer von Südafrika unterstützten Rebellenorganisation; der blutige Bürgerkrieg, der über 1 Mio. Tote forderte und zahllose Flüchtlinge in die Nachbarstaaten trieb, ist durch einen Friedensvertrag seit Oktober 1992 offiziell beendet. Mit Hilfe der UNO versuchen die ehemaligen Bürgerkriegsparteien nun einen Neubeginn, der jedoch von Friedensgegnern aus beiden Lagern behindert wird.

Ein Volk von Musikern

Die Tschopi

In Mosambik leben mehr als 60 Bantustämme, die 98 % der Bevölkerung des Landes stellen. Ein Schmelztiegel ist vor allem das Sambesital – seit je eine Durchgangsstraße für die Völker der Hochplateaus. Durch den Sklavenhandel wurde das Landesinnere zunehmend seiner Bewohner beraubt, andere Völker strömten in das nunmehr unbesiedelte Land ein.

In den südlichen Gebieten zwischen Save und Limpopo leben Tsonga, Tschopi und

▲ *Die kleine, 5 km vor der Küste Mosambiks gelegene Insel Mosambik ist durch eine Brücke mit dem Festland verbunden. 1498 landete hier als erster Europäer der portugiesische Seefahrer Vasco da Gama.*

Tonga. Während ihrer Wanderungen fand eine kulturelle Verschmelzung mit den hier ansässigen Schona statt. Ihre Landwirtschaft produziert vorwiegend für den Eigenbedarf. Rinderzucht ist nur bei den Tsonga von Bedeutung. Außer Reis, Mais und Zuckerrohr werden Baumwolle, Sisal, Maniok und vor allem Kokospalmen angebaut.

Im Leben der Tschopi spielt Musik eine wichtige Rolle. Mit großer Geschicklichkeit fertigen sie *Timbilas* an, die dem in Afrika weitverbreiteten Xylophon ähneln. Dieses Instrument besteht aus Holzlamellen verschiedener Größe, denen Kalebassen als Resonanzkörper dienen. Die Tschopi spielen die Timbila mit einer in Afrika nicht mehr erreichten Virtuosität und begleiten mit ihren Klängen die „Ngongo" genannten Tänze. Dieses Wort läßt sich am sinnigsten mit „vollständiges Theater" oder „Schauspiel" übersetzen – Bezeichnungen, welche die Gesamtleistung der Tänzer und Musiker charakterisieren.

Die Herstellung der Timbilas wird bestimmten Familien überlassen, deren über Generationen vererbtes Können beste Qualität gewährleistet. Die Musiker lieben ihre Instrumente, die sie vorzugsweise morgens in aller Frühe oder aber abends spielen, da sie wissen, daß hohe Tagestemperaturen die Klangqualität beeinträchtigen.

▶ *Bantunachwuchs in mütterlicher Obhut: Geborgenheit ist für viele Einwohner Mosambiks jedoch gegenwärtig nur ein Wunschtraum. Seit der Erlangung der Unabhängigkeit von Portugal im Jahr 1975 ist das Land auf der Suche nach innerem Frieden; große Teile der Bevölkerung kämpften lange um die bloße Existenz.*

▲ *Vom Flugzeug aus bietet sich ein atemberaubender Blick auf Kapstadt und den Tafelberg; im Hintergrund erkennt man das Kap der Guten Hoffnung.*

Südafrika

Jahrhundertelang von einer weißen Minderheit beherrscht, befindet sich die Republik heute in einer Phase tiefgreifenden Wandels. Nach dem Ende der Apartheid und den ersten freien Wahlen steht das reichste Land des Kontinents vor einer ungewissen Zukunft.

GOLD, Diamanten, wilde Tiere, seltene Pflanzen, weiße Strände, waldbedeckte Berge ... die Republik an der Südspitze des Schwarzen Kontinents fasziniert seine Besucher mit einer Fülle landschaftlicher Höhepunkte: Halbwüsten am Rand der Wüste Kalahari, Trockensavannen auf den Hochplateaus, Gartenlandschaften mit Weinbergen in der Kapprovinz, fast 3500 m hohe Gipfel in den „Bergen der Drachen", der Oranje, ein Fluß, der ungefähr anderthalbmal so lang ist wie der Rhein, und nicht zuletzt auch moderne Stadtlandschaften, die in Geschäftigkeit und Prosperität anderen Weltstädten in keiner Weise nachstehen.

In diesem riesigen Land, in dem die Bundesrepublik Deutschland fast dreieinhalbmal Platz finden würde, lebt eine buntgemischte Bevölkerung, die in vier Hauptgruppen unterteilt werden kann. Etwa drei Viertel der rund 39 Mio. Einwohner gehören Bantuvölkern an, wobei als größte Gruppen die Zulu und die Xhosa zu nennen sind. Darüber hinaus leben in Südafrika ungefähr 5 Mio. Weiße, etwas mehr als 3 Mio. sogenannte „Coloureds" (Mischlinge) und rund 820 000 Asiaten.

Die Vorfahren der Bantu sind seit dem 10. Jh. über den Sambesi in den Osten Südafrikas eingedrungen. Die Weißen, die bis zu den ersten freien Wahlen im April 1994 die Bantu und die anderen Bevölkerungsgruppen diskriminierten und in ihrer Freiheit einschränkten, kamen erst viele Jahrhunderte später.

▲ *In der Kapregion, die als einziges Gebiet der südlichen Erdhalbkugel mediterranes Klima aufweist, gedeihen viele der etwa 16 000 Pflanzenarten Südafrikas. Zu den Blumen, die nur im südlichsten Land des Schwarzen Kontinents vorkommen, zählt die Protea, ein immergrüner Strauch mit großen Blütenständen.*

Der Große Treck durch die Geschichte

Schwarzes Land in weißer Hand

Der portugiesische Seefahrer Bartolomeu Dias umsegelte 1487 als erster die Südspitze Afrikas, die er – aus eigener, schlechter Erfahrung – Kap der Stürme nannte. Als der Holländer Jan van Riebeeck 1652 dort an Land ging, um einen Stützpunkt für die Schiffe der niederländischen Vereinigten Ostindischen Kompanie zu gründen, war die Region bereits von Hottentotten, einem heute fast ausgestorbenen Nomadenvolk, bewohnt. Im Landesinneren trafen die ersten holländischen Siedler auf das Volk der Buschleute (San), die als nomadisierende Jäger und Sammler lebten. Beide Bevölkerungsgruppen wurden von den Europäern vertrieben; die San, denen man Viehdiebstahl vorwarf, fielen einer regelrechten Menschenjagd zum Opfer.

Die holländischen Siedler, die sich selbst als „Buren" (Bauern) bezeichneten, widmeten sich vornehmlich der Landwirtschaft. 1688 bekamen sie Unterstützung von französischen Hugenotten, die nach der Aufhebung des Edikts von Nantes, das ihnen weitgehende Religionsfreiheit gewährt hatte, in die Niederlande geflüchtet waren. Sie gliederten sich um so schneller in die holländische Gemeinschaft ein, als man ihnen den Gebrauch ihrer Muttersprache untersagte.

Da den Buren ihr Siedlungsgebiet bald zu klein geworden war, versuchten sie, weiter ins Landesinnere vorzudringen. Im Osten stießen sie auf den Widerstand von Bantustämmen. 1779 brach ein Krieg um das Weideland der Xhosa aus, und auch in den folgenden Jahren kam es immer wieder zu blutigen Auseinandersetzungen. Ende des 18. Jh. wuchs das Interesse der Briten am strategisch günstig gelegenen Kapland. 1795 eroberten britische Truppen das Land, das im Jahr 1814 zur Kronkolonie erklärt wurde. Bald danach traf ein bedeutendes Kontingent von britischen Siedlern ein. Die Buren konnten sich mit ihrem Machtverlust nicht abfinden, und nachdem die neuen Herren der Kolonie im Jahr 1833 die Sklaverei abgeschafft hatten, beschlossen sie, die Kapprovinz zu verlassen. Es begann der Große Treck nach Nordosten ins Landesinnere.

Mit ihrem Vieh und Ochsenkarren überquerten Tausende den Oranje; die sogenannten „Vortrekker" überstiegen auch die Drakensberge und stießen nach Natal vor, wo sie auf die Zulu trafen. Der Zuluhäuptling Dingaan lockte 1838 mit einer List etwa 100 Vortrekker in seinen Kral und ließ alle Männer ermorden. Doch noch im selben Jahr fügten die Buren unter Andries Pretorius mit britischer Hilfe den Zulu eine vernichtende Niederlage zu: Die Schlacht am Blood River (Blutfluß) kostete 3000 Zulu das Leben.

Lange währte die Freude der Holländer an ihrer 1838 gegründeten Republik Natal nicht; schon im Jahr 1843 annektierten die Briten das Gebiet. Wieder brachen die Vortrekker auf, um nach neuem Siedlungsland zu suchen. Sie fanden es jenseits der beiden Flüsse Oranje und Vaal, wo sie die Burenrepubliken Transvaal (1852/53) und Oranje-Freistaat (1854) gründeten. In Natal kam es zu Auseinandersetzungen zwischen Briten und Zulu, da sich die stolzen Krieger weigerten, auf den britischen Zuckerrohrplantagen zu arbeiten. Für diese Tätigkeit wurden daraufhin indische Arbeiter angeworben. 1879 kam es zu einem Aufstand der Zulu, die bei Isandhlwana den Briten eine schwere Niederlage zufügten, bevor sie sich schließlich der militärischen Überlegenheit der Kolonialtruppen beugen mußten.

Die Entdeckung von Diamanten und Gold im Norden des Oranje-Freistaates im Jahr 1866 führte zu weiteren Konflikten zwischen den Burenrepubliken und Großbritannien. London annektierte die Diamantenregion von Kimberley, scheiterte aber bei dem Versuch, sich der Republik Transvaal zu bemächtigen. Initiator des berüchtigten *Jameson Raid* – unter diesem Namen ging der britische Überfall von 1895 in die Geschichte ein – war die Britisch-Südafrikanische Gesellschaft (BSAC), deren Gründer Cecil Rhodes 1890 zum Premierminister der Kapkolonie ernannt wurde und später dem Nachbarland Rhodesien seinen Namen gab. Weitere Streitigkeiten führten 1899 zum Burenkrieg. Der Widerstand der Buren wurde von dem schon fast legendären Paulus Krüger, dem Präsidenten Transvaals, verkörpert. 1881 war es Krüger gelungen, die Briten aus der 1877 von ihnen annektierten Republik Transvaal zu vertreiben – diesmal jedoch war die Übermacht zu groß. Im Jahr 1902 mußten die Buren kapitulieren, und ihre Republiken wurden britische Kolonien.

Die nach dem britischen Sieg betriebene Politik einer Annäherung zwischen Buren und Briten führte erst zu einer inneren Autonomie der beiden Republiken, dann 1910 zur Gründung der Südafrikanischen Union, in der die Buren an der Regierung beteiligt waren. Im Dominion des British Empire waren Kapkolonie und Natal jetzt dem Oranje-Freistaat und Transvaal rechtlich gleichgestellt. Das 1855 in Transvaal von den Buren gegründete Pretoria wurde Regierungssitz des neuen Staates.

Im Ersten Weltkrieg stellte sich die Südafrikanische Union auf die Seite der Alliierten, südafrikanische Truppen eroberten im Jahr 1915 Deutsch-Südwestafrika. Viele Buren hätten die Neutralität oder sogar ein Engagement auf deutscher Seite vorgezogen, da der alte Groll der Buren gegenüber den Engländern noch nicht begraben war. Die Nachfahren der holländischen Siedler grenzten sich deutlich von der englischsprachigen Bevölkerung der Südafrikanischen Union ab; sie nannten sich jetzt

▶ *In der Kleinen Karoo, einer 300 m hoch gelegenen Ebene im Süden des Landes, werden seit über 100 Jahren Strauße gezüchtet. Die in Südafrika lebende Art des größten Vogels der Welt wird über 100 kg schwer und erreicht eine durchschnittliche Größe von 2 m.*

▲ *Der Name verrät es – die Weinberge von Franschhoek (Franzosenecke) wurden von französischen Hugenotten angelegt, die nach der Aufhebung des Edikts von Nantes (1685), das ihnen weitgehende religiöse Freiheit gewährt hatte, aus ihrer Heimat geflohen waren.*

nicht mehr Buren, sondern Afrikaander; sie setzten durch, daß ihre Sprache, das Afrikaans, im Jahr 1925 neben dem Englischen als Amtssprache anerkannt wurde. Schon in der zweiten Hälfte des 19. Jh. hatte das Afrikaans, das sich aus niederländischen Dialekten des 17. Jh. entwickelt hatte, das Holländische im privaten Sprachgebrauch weitgehend verdrängt.

In den Jahren bis zum Ausbruch des Zweiten Weltkriegs beherrschte der Machtkampf zwischen den Afrikaandern und den englischsprachigen Südafrikanern den politischen Alltag. Letztere waren meist Anhänger der United Party, während viele der Afrikaander die National Party unterstützten. Bei den Wahlen im Jahr 1948 erhielt die National Party die Mehrheit im Parlament und blieb auch in den folgenden Jahrzehnten die stärkste politische Kraft. Die United Party hingegen wurde immer schwächer und splitterte sich schließlich in mehrere neue politische Formationen auf. Eine dieser Nachfolgeorganisationen war die Progressive Federal Party, die heftige Kritik an der Apartheidpolitik der Regierung übte.

◀ *Zu den bedeutendsten Glaubensgemeinschaften der schwarzen Bevölkerung zählt die Baptistenkirche von Nazareth, die 1911 von dem Zulu Jesaiah Shembe gegründet wurde. Im nordwestlich von Durban gelegenen Ekuphakumeni wird alljährlich ein großes Fest zu Ehren des Kirchenstifters gefeiert.*

Vorherrschaft der Weißen

Die Apartheidpolitik

Apartheid ist ein Wort aus dem Afrikaans und bedeutet einfach Trennung, eine Trennung der Rassen, die schon seit frühester Kolonisation praktiziert wurde; eine Ausnahme stellte im 19. Jh. lediglich die Kapkolonie dar, wo sich der Einfluß der London Missionary Society positiv auswirkte. Schon bevor im Jahr 1948 die National Party mit dem Schlagwort „Apartheid" Wahlkampf betrieb, hatten zahlreiche Gesetze die Rassentrennung zum Inhalt. Die Verfassung der

▶ *Bei gutem Wetter kann das abgeflachte Sandsteinmassiv des Tafelbergs (1086 m) vom Meer aus in einer Entfernung von fast 200 km gesehen werden.*

▲ *Big Hole, das heute mit Wasser gefüllte „Große Loch" von Kimberley, ist die größte Ausschachtung, die je von Menschenhand gegraben wurde. Zwischen 1871 und 1914 wurden in dieser riesigen Mine 3 t Rohdiamanten gefördert.*

1910 gegründeten Südafrikanischen Union beschränkte das Wahlrecht auf die Weißen; nur in der Kapprovinz blieb die schwarze Bevölkerung bis Mitte der 30er Jahre wahlberechtigt. 1913 wurde ein Gesetz erlassen, das den Schwarzen bestimmte Territorien zuwies (etwa 7 % der Landesfläche), außerhalb deren sie keinen Landbesitz erwerben durften. Da bei weitem nicht alle Schwarzen in den für sie bestimmten Gebieten eine Existenz aufbauen konnten, mußten sich viele von ihnen als billige Arbeitskräfte auf den Farmen der weißen Bevölkerung verdingen. 1923 wurden auch in den Städten getrennte Wohnbezirke eingerichtet, und vier Jahre später kam es zu einem Verbot von außerehelichen sexuellen Beziehungen zwischen Personen unterschiedlicher Rassen (Immorality Act). Die Bevorzugung der weißen Bevölkerung schlug sich in einer Vielzahl weiterer Gesetze nieder: so blieben beispielsweise bestimmte Arbeitsplätze in den Minen den Weißen vorbehalten („Job Reservation"), und auch die öffentlichen Schulen waren ausschließlich für weiße Kinder zugänglich.

Nach 1948 wurden die schon bestehenden Vorschriften zur Rassentrennung erweitert oder um weitere Gesetze ergänzt; 1949 kam es zu einem Verbot von Ehen zwischen Angehörigen von Bevölkerungsgruppen verschiedener Hautfarbe.

Die National Party propagierte unter den Regierungen Verwoerd (1958-1966) und Vorster (1966-1978) eine „Politik der getrennten Entwicklung" der vier Bevölkerungsgemeinschaften, die das Gesetz unterschied. Die Apartheid wurde um weitere diskriminierende Vorschriften ergänzt, die Rassentrennung galt nun auch in öffentlichen Gebäuden, bei Veranstaltungen und selbst auf Parkbänken. Die Weißen waren nach wie vor allein im Parlament vertreten und verstanden sich als eine Nation. Auch Mischlinge und Asiaten wurden zu je einer Nation erklärt, während man die schwarze Bevölkerung in verschiedene Bantunationen untergliederte und dazu zwang, Bürger eines Homelands zu werden. Diese „Heimatländer" waren aus den im Jahr 1913 gegründeten und 1936 auf ungefähr 13 % der Landesfläche erweiterten Eingeborenenreservaten hervorgegangen.

Für eine Erweiterung der Rechte der schwarzen Bevölkerung kämpfte der schon im Jahr 1912 entstandene Afrikanische Nationalkongreß (ANC), von dem sich 1959 ein radikaler Flügel abspaltete und fortan als Panafrikanischer Kongreß (PAC) auftrat. 1952–1967 lag die Führung des ANC in den Händen von Albert Luthuli, der sich für eine Politik des gewaltlosen Widerstands einsetzte und 1960 den Friedensnobelpreis erhielt. Ein Jahr zuvor hatte die Regierung sowohl den ANC als auch den PAC verboten, da man die Organisationen für den zunehmenden Widerstand der schwarzen Bevölkerung verantwortlich machte. Bei Massendemonstrationen kam es immer wieder zu Auseinandersetzungen; in Sharpeville bei Johannesburg schossen die Sicherheitskräfte 1960 in die unbewaffnete Menge und töteten 67 Menschen.

Nach dieser Eskalation der Gewalt verstärkte sich in England und den meisten anderen Ländern des Commonwealth die Kritik an der Politik der Apartheid. Die Regierung in Pretoria ließ per Volksentscheid eine republikanische Verfassung verabschieden und verließ im Jahr 1961 die britische Gemeinschaft: Aus der Südafrikanischen Union wurde die Republik Südafrika.

Das Land setzte auch nach der weitgehenden Dekolonisation des südlichen Afrika die Politik der getrennten Entwicklung fort; mehrere Bantustans oder Black National States, wie die Homelands auch genannt wurden, entließ die südafrikanische Regierung in die Unabhängigkeit. Das Festhalten an der Apartheidpolitik führte zu einer weitgehenden politischen Isolation des Landes; Südafrika wurde weltweit zu einem verfemten Staat. In den 80er Jahren verschärfte sich der innenpolitische Widerstand gegen die Rassentrennungspolitik, die auch bei Teilen der weißen Bevölkerung zunehmender Kritik ausgesetzt war. Da sich auch der internationale Druck auf Südafrika verstärkte, hob die Regierung in Pretoria einige diskriminierende Gesetze auf. Nach dem Sturz der Regierung Botha suchte der neue Präsident de

▲ *Das 1685 erbaute Gut von Groot Constantia war einst Sitz eines niederländischen Gouverneurs. Die Giebelskulpturen des im kapholländischen Stil errichteten Anwesens schuf der in Freiburg geborene Bildhauer Anton Anreith.*

Klerk den Dialog mit der schwarzen Bevölkerungsmehrheit. Die ANC-Führer Sisulu und Mandela wurden aus jahrzehntelanger Haft entlassen; schrittweise verschwanden weitere Apartheidgesetze.

Die Reformpolitik der Regierung de Klerk stieß bei vielen Weißen, die um ihre jahrhundertealten Privilegien fürchteten, auf erheblichen Widerstand. Einige von ihnen drohten mit einem weiteren Burenkrieg. Probleme gibt es auch zwischen den Xhosa, die mit dem ANC sympathisieren, und den Zulu, welche die Inkatha und deren Führer Buthelezi unterstützen. Blutige Auseinandersetzungen zwischen militanten Anhängern der beiden Gruppen forderten Hunderte von Menschenleben. Einen bis vor kurzem kaum für möglich gehaltenen Einschnitt in der Geschichte Südafrikas bildeten die ersten freien Wahlen unter Einschluß der schwarzen Bevölkerung im April 1994. Nach dem Sieg des ANC stellt diese Partei den neuen Präsidenten des Landes, das vor einer schweren Bewährungsprobe steht: der friedlichen Integration aller Bevölkerungsteile in das neue Südafrika, zu dem auch wieder die früheren Homelands gehören.

▲ *In der zweiten Hälfte des 19. Jh. kamen zahlreiche moslemische Inder nach Südafrika. Viele von ihnen arbeiteten auf Plantagen, manche ließen sich als Geschäftsleute nieder. In Durban errichteten sie die prächtige Grey-Street-Moschee, das schönste islamische Gotteshaus der südlichen Hemisphäre.*

In der Kapprovinz

Vom Tafelberg zum „Großen Loch“

Der erste Anblick des Kaps der Guten Hoffnung wirkt auf den europäischen Besucher überwältigend: Mit ihren grauen Granitfelsen erinnert die zerklüftete Küste an die Bretagne, während die mediterrane Vegetation eher an die Riviera oder die Costa Brava denken läßt. Doch an der Südspitze des afrikanischen Kontinents gelten andere Maßstäbe als in Europa. Die Buchten, Strände, Felsvorsprünge und -überhänge sind hier zehnmal, ja sogar zwanzigmal tiefer, weiter, steiler und höher – der erste englische Weltumsegler Francis Drake nannte das Kap der Guten Hoffnung das schönste Kap der Welt!

Was für Rio de Janeiro der Zuckerhut, ist der Tafelberg für Kapstadt. Die Erhebung, die mit einer fast senkrechten, 1200 m hohen Steilwand die Bucht überragt, verdankt ihren Namen dem erstaunlich flachen Gipfel, der oft ein aus Wolken geformtes „Tafeltuch“ trägt. Die ursprünglich am Fuß des Berges erbaute Stadt dehnte sich ständig aus, wuchs nach Osten, schlug einen Bogen um Devil's Peak bis hin zur False Bay. In weniger als einer Stunde Autofahrt wechselt man von den selbst im Hochsommer kühlen Wellen des Atlantik hinüber zu den trägen und lauwarmen Fluten des Indischen Ozeans in der False Bay.

In der schönsten Stadt Südafrikas und ihrer Umgebung stößt man auf zahlreiche Spuren der ersten holländischen Siedler. Hier stehen inmitten eines freundlichen, hügeligen Weinanbaugebietes noch zahlreiche Häuser im kapholländischen Stil mit ihren dreieckigen, später mit barocken Voluten verzierten Giebeln. Eines der schönsten Anwesen ist das Weingut Groot Constantia, das im 17. Jh. als Residenz des berühmten Gouverneurs Simon van der Stel errichtet wurde. Das inzwischen zum Nationaldenkmal erklärte Gebäude beherbergt heute ein Gemälde- und Möbelmuseum. Simon van der Stel war es, der dem etwa 50 km östlich von Kapstadt gelegenen Städtchen Stellenbosch seinen Namen gab. Dieser äußerst reizvolle Ort mit seiner Vielzahl prächtig erhaltener Gebäude aus dem 17./18. Jh. ist nicht weit entfernt von Franschhoek, der „Franzosenecke“. Hier siedelten Ende des 17. Jh. in einem von hohen Bergen umgebenen Tal hugenottische Siedler, an die ein 1938 errichtetes Denkmal erinnert.

Hinter dem Küstenflachland erhebt sich eine Reihe von Bergketten, deren letzte als „Große Randstufe“ die Schwelle zu den Hochebenen des Oranjegebietes und des Transvaal bildet. Sobald man die ersten Pässe überwunden hat, verändert sich plötzlich die Landschaft: Hier erstreckt sich das trockene und steinige Karoo-Hochland, ein von einzelnen Kuppen und Tafelbergen überragtes Halbwüstengebiet. Die Erhebungen sind mit einer Granitschicht bedeckt, die sie vor der Erosion geschützt hat. Schafe weiden auf kargem Boden, einige Bauernhöfe verlieren sich inmitten dieser Einsamkeit. Kaum freundlicher präsentiert sich das ebenso halbwüstenartige Namaqualand an der Westküste der Kapprovinz. Weiter nördlich, nahe der Grenze zu Namibia, stürzen die Fluten des Oranje in den spektakulären Wasserfällen von Augrabies über 190 m tief in eine fast 20 km lange Schlucht.

Noch weiter im Norden erstreckt sich eines der schönsten Tierreservate Südafrikas, der Kalahari-Gemsbok-Nationalpark. Neben großen Populationen von Gemsböcken (Oryx-Antilopen), Springböcken und anderen Antilopen leben hier u. a. auch Leoparden, Löwen und Hyänen.

Die unwirklichen Gebiete südöstlich des Nationalparks bergen die größten Schätze des Landes: Gold, Edelsteine und Halbedelsteine. Die Stadt Kimberley an der Grenze zum Oranje-Freistaat verdankt ihre Entstehung den Diamantenfunden, die im 19. Jh. in dieser Region gemacht wurden. 1871 fanden Diamantensucher einige wertvolle Edelsteine auf der Farm der Gebrüder de Beers und auf einem in der Nähe des Anwesens gelegenen Hügel, der sich als besonders ergiebiger Fundort erwies. An der Stelle dieser in kürzester Zeit abgetragenen Erhebung entstand das 400 m tiefe *Big Hole*, die größte je von Menschenhand geschaffene Grube.

Zwischen 1870 und 1914 gewann man aus dieser Lagerstätte 14,5 Mio. Karat Edelsteine. Cecil Rhodes, der 1870 nach Südafrika gekommen war, kaufte nach und nach fast alle Anteile an der Mine auf und über-

▶ *In der Transkei, die 1976–1994 ein unabhängiges Homeland war, leben die Xhosa, ein Bantustamm, der sich im 18./19. Jh. zahlloser Angriffe der Buren und Briten erwehren mußte. Heute tragen die Xhosa meist europäische Kleidung; manchmal jedoch trifft man noch auf Frauen mit der typischen turbanähnlichen Kopfbedeckung.*

▶ *Zu den insgesamt 29 Antilopenarten, welche die südafrikanischen Nationalparks bevölkern, zählt auch die elegante Schwarzfersenantilope (Impala), die bis zu 10 m weit springen kann; hier ein Bock im Krüger-Nationalpark.*

▶ ▶ *Der 1100 km lange Gebirgszug der Drakensberge erstreckt sich von der Kapprovinz bis nahe der Grenze zu Simbabwe. In Transvaal hat der River Blyde einen bis zu 600 m tiefen Cañon durch das mit Flechten bewachsene Massiv gebrochen.*

▲ *Die Zulu in der Provinz Natal flechten aus Ried kunstvolle, halbrunde Hütten, deren tragende Konstruktion aus einem leichten Holzgerüst besteht.*

nahm den Vorsitz der berühmten De-Beers-Minengesellschaft, die bis zum heutigen Tag eine führende Position im Diamantenwelthandel einnimmt.

Das „Große Loch" und der erste Förderturm, der hier 1892 eingerichtet wurde, sind im Kimberley-Minenmuseum zu besichtigen, das einen sehr guten Überblick über die Geschichte des Diamantenrausches in dieser Region gibt. Neben zahlreichen Gebäuden aus dem vergangenen Jahrhundert ist vor allem die Diamantenausstellung mit einer Vielfalt von Exponaten von Interesse.

Natal

Provinz der Zulu und Asiaten

Natal, die kleinste Provinz Südafrikas, verdankt ihren Namen den portugiesischen Seefahrern, die sie am Weihnachtstag des Jahres 1497 entdeckten und nach dem portugiesischen Wort für Weihnachten – Natal – *Terra natalis* nannten. In keiner Provinz Südafrikas leben mehr Weiße britischer Herkunft. Etwa ein Drittel des Gebiets war von der südafrikanischen Regierung bis 1994 als Homeland Kwa Zulu ausgewiesen; ein großer Teil der Zulu lebt jedoch inzwischen außerhalb dieses ehemaligen Heimatlandes in den großen Städten Südafrikas.

Durban, dem der britische Gouverneur Sir Benjamin d'Urban seinen Namen gab, ist die größte Stadt Natals; mit Vororten beherbergt der an der Küste des Indischen Ozeans gelegene Ort heute mehr als 1 Mio. Einwohner. Von der Seeseite präsentiert sich die lebendige Metropole mit ihrem Wahrzeichen, der „Golden Mile": Auf einer Strecke von 8 km reihen sich hier Hotels, Restaurants und Vergnügungsparks aneinander. Durbans Strand ist mit Netzen gegen Haie geschützt; diese gefürchteten Tiere sind die Hauptattraktion des Aquariums Sea World an der Golden Mile. In der Nähe des Strandes liegt der Schlangenpark, der eine riesige Reptiliensammlung besitzt; in einem Forschungszentrum, das dem Park angeschlossen ist, werden große Mengen an Serum gewonnen.

Natal besitzt eine Anzahl vorzüglich ausgebauter und mit guten Camps ausgestatteter Nationalparks. Die Wildtierreservate von Umfolozi und Hluhluwe wurden speziell zur Rettung des Weißen Nashorns gegründet,

◀ *Dieser alte, mit langen Ketten und Straußenfedern geschmückte Zuluhäuptling frönt der Leidenschaft des Rauchens mit einem besonders eigenwilligen Modell.*

▶ *Prozession beim Shembefest in Natal: Wie bei vielen Religionsgemeinschaften in Südafrika verschmelzen bei der Baptistenkirche von Nazareth traditionelle Glaubensvorstellungen der Bantu mit christlichem Gedankengut.*

▲ *Die Drakensberge werden von tief eingeschnittenen Schluchten durchzogen, durch die sich wasserreiche Flüsse ihren Weg bahnen.*

das dort neben einer beachtenswerten Anzahl von Schwarzen Nashörnern lebt. Das schönste Schutzgebiet ist das in einer malerischen Lagune gelegene Reservat St. Lucia, in dem neben Flußpferden und Krokodilen vor allem zahlreiche Flamingos und Pelikane leben.

Wahrscheinlich ist Natal die südafrikanische Provinz, in der in Kämpfen zwischen Buren und Zulu, Zulu und Engländern sowie Engländern und Buren das meiste Blut geflossen ist. Wer sich für Geschichte interessiert, kann eine Fahrt zu den historischen Schlachtfeldern der letzten drei Jahrhunderte unternehmen. Diese führt zuerst in die Nähe von Melmoth zum wieder aufgebauten Kral des Zuluhäuptlings Dingaan, dessen Krieger hier 1838 die Vortrekker um Piet Retief erschlugen. Unweit davon kündet das Blood-River-Denkmal vom Sieg, den Andries Pretorius einige Monate später über die Zulu errang. Auf der Reise durch die Geschichte geht es weiter nach Isandhlwana, Rorke's Drift und Ulundi, wo sich im Jahr 1879 Briten und Zulu verlustreiche Schlachten lieferten.

▶ *Vor dem eindrucksvollen Hintergrund der mächtigen Drakensberge erstreckt sich nahe der Grenze zu Lesotho das Giant's Castle Game Reserve, eines der schönsten Wildschutzgebiete Südafrikas.*

▲ *Manche Bantufrauen kleiden sich immer noch wie die Ehefrauen lutheranischer Pastoren, die im 19. Jh. im südlichen Afrika missionierten.*

Die meisten Südafrikaner asiatischer Abstammung leben in Natal. Die indische Bevölkerung gehört unterschiedlichen Rassen, sozialen Schichten und Religionsgemeinschaften an. Viele von ihnen sind Nachfahren der indischen Vertragsarbeiter, die ab 1860 in Süd- und Ostindien angeworben wurden, um auf den Zuckerrohrfeldern der Engländer zu arbeiten. Es waren meist Angehörige der untersten Kasten oder sogar Parias, „Unberührbare". Mahatma Gandhi, der Ende des 19. Jh. nach Südafrika kam, empfand die Diskriminierung der indischen Bevölkerung als unerträglich und setzte sich in Natal für die Rechte seiner Landsleute ein. In Südafrika entwickelte er seine Lehre vom „passiven Widerstand", die später im Unabhängigkeitskampf Indiens gegen die Engländer Berühmtheit erlangte.

Ungefähr 20% der indischen Bevölkerung sind Moslems; die Grey-Street-Moschee im Zentrum des indischen Geschäftsviertels gilt als das prächtigste islamische Gotteshaus der südlichen Halbkugel. Westlich der Moschee liegt der indische Markt mit orientalischem Flair. Neben den üblichen Souvenirs gibt es hier eine hervorragende Auswahl an Schmuckwaren und Schnitzereien aus Holz und Elfenbein.

Johannesburg

„Stadt des Goldes"

Johannesburg, die Ende des vorigen Jahrhunderts gegründete Goldgräberstadt, liegt im Herzen der Bergwerksregion des Witwatersrand, die man gewöhnlich einfach „Rand" nennt und der die südafrikanische Landeswährung ihren Namen verdankt. Schon wenige Jahre nachdem 1886 ein Australier in diesem Gebiet Gold gefunden hatte, war Johannesburg die größte Stadt im südlichen Afrika; heute beherbergt das Wirtschaftszentrum der Republik mit Vororten ungefähr 1,6 Mio. Einwohner, von denen viele in den Minen arbeiten. In der modernen Metropole, die mit ihrer Skyline an amerikanische Großstädte erinnert, treten die sozialen Gegensätze deutlicher zutage als in anderen Städten Südafrikas. In Soweto, einer für die schwarze Bevölkerung vor den Toren der Stadt errichteten Wohnsiedlung, leben über 2 Mio. Menschen in zum Teil erbärmlichen Behausungen. 1976 kam es in Soweto zu Schülerunruhen – Afrikaans sollte als Unterrichtssprache eingeführt werden –, bei denen mehrere hundert Jugendliche von den Sicherheitskräften erschossen wurden.

Etwa 60 km nordöstlich von Johannesburg liegt Pretoria, das zugleich Hauptstadt und Regierungssitz Südafrikas ist, während das Parlament in Kapstadt tagt. Im Vergleich zur Metropole der Kapprovinz und der benachbarten „Stadt des Goldes" nimmt sich Pretoria recht provinziell aus. Im Nordosten der Stadt erheben sich auf einem Hügel die Union Buildings, ein von Kolonnaden gesäumter Gebäudekomplex vom Anfang unseres Jahrhunderts, in dem Ministerien und das Staatsarchiv untergebracht sind.

In der Nähe der Stadt steht auf einem Hügel das wohl beeindruckendste Monument Südafrikas, das Vortrekker-Denkmal. Es erinnert an den Aufbruch der Buren aus der Kapregion. An den Ecken des massigen Granitmassivs stehen die vier Statuen der Anführer des Trecks. Das Denkmal ist von einer mächtigen Mauer umgeben, die aus 64 steinernen Ochsenkarren besteht. Ebenso viele Wagen bildeten einst das Verteidigungsbollwerk gegen die angreifenden Zulu. Innerhalb des Gebäudes befindet sich der Heldensaal mit einem Fries aus Marmor, der die verschiedenen Episoden des Großen Trecks schildert.

Eine der größten Sehenswürdigkeiten in Transvaal ist der an der Grenze zu Mosambik gelegene Krüger-Nationalpark. Mit fast 20000 km² Fläche ist der Park, der 1898 auf Veranlassung von Paulus Krüger als Schutzgebiet ausgewiesen wurde, das größte Tierreservat Südafrikas. Der Nationalpark fasziniert seine Besucher mit einer artenreichen Tierwelt: Streifengnus, Elefanten, Paviane, Löwen, Zebras, Giraffen, Krokodile, Geparde, Büffel und zahlreiche Fische sind hier beheimatet.

◀ *Das Vortrekker-Denkmal in Pretoria erinnert an den Großen Treck, bei dem die Buren in langen Wagenkolonnen die Kapregion verließen, um nach neuen Siedlungsgebieten im Norden zu suchen.*

▲ *Das gebirgige Lesotho bietet bäuerlicher Existenz kaum eine Grundlage. Da die Hochflächen stark erodiert sind, wird der Ackerbau vor allem auf den Flußterrassen betrieben.*

Namibia, Lesotho, Swasiland

Als letztes Land Afrikas erlangte Namibia 1990 die Unabhängigkeit. Geblieben ist jedoch – wie bei den kleinen Monarchien Lesotho und Swasiland – die enge wirtschaftliche Bindung an den großen Nachbarn Südafrika.

Obwohl die deutsche Kolonialherrschaft über das an der Atlantikküste des südlichen Afrika gelegene *Namibia* schon lange zurückliegt, erinnert im ehemaligen Deutsch-Südwestafrika immer noch vieles an die Zeit, als das Land zum deutschen Kaiserreich gehörte: Viele Ortschaften tragen noch deutsche Namen, und in Windhuk, der Landeshauptstadt, zeigen viele Gebäude deutschen Einfluß.

1883 erwarb der deutsche Kaufmann Adolf Lüderitz den Küstenstreifen um die Bucht Angra Pequena von den dort ansässigen Nama (Hottentotten). Ein Jahr später erklärte die deutsche Reichsregierung dieses Gebiet zum Protektorat. Nachdem Deutschland sich mit Portugal und Großbritannien über die Grenzen des Schutzgebietes geeinigt hatte, zogen im Jahr 1893 deutsche Siedler nach Windhuk. Zwischen 1904 und 1907 kam es zu zahlreichen Aufständen gegen die Kolonialmacht, die von den Deutschen niedergeworfen wurden; über 70000 Herero und Nama wurden dabei getötet.

Während des Ersten Weltkriegs wurden die Deutschen von südafrikanischen Truppen aus der Kolonie vertrieben (1915); 1920 erhielt Südafrika ein Völkerbundsmandat über das Gebiet. Da die Regierung in Pretoria das Land wie eine südafrikanische Provinz betrachtete und sich auch den Vereinten Nationen widersetzte, wurde ihr das Mandat entzogen und Südwestafrika 1966 der UN direkt unterstellt. Die Befreiungsbewegung der SWAPO führte einen erbitterten Kampf gegen die südafrikanischen Truppen, denn

▲ *Östlich der Wüste Namib erstreckt sich das eintönige, spärlich bewachsene Zentralplateau.*

▲ *Swasiland: Lobamba, ein kleines Dorf in der Nähe der Hauptstadt Mbabane, ist der Schauplatz eines bedeutenden Festes zu Ehren der Königinmutter. Im Mittelpunkt der Feierlichkeiten steht der* Uhmlanga, *der Schilfrohrtanz.*

Südafrika dachte nicht daran, sich aus dem rohstoffreichen Land zurückzuziehen. Erst im März 1990 wurde Namibia ein unabhängiger Staat.

Die meisten Einwohner Namibias gehören Bantuvölkern wie den Ovambo, Kavango und Herero an. Von den fast 80 000 Weißen, die heute noch in Namibia leben, sind etwa 25 000 deutschstämmig bzw. deutsche Staatsbürger. Im Nordwesten des Landes leben noch Reste der ursprünglichen Bevölkerung – die Buschleute (San).

Namibia ist eines der trockensten Länder der Erde. Entlang der Atlantikküste erstreckt sich die Wüste Namib, die dem Land den Namen gab; östlich davon schließt sich das karge Zentralplateau an, das weiter nach Osten in die Kalahariwüste übergeht. Nur der Norden, das Ovamboland, besitzt genügend Wasser für Plantagenwirtschaft und Getreideanbau. In dieser Region befindet sich auch die Etoschapfanne, eine riesige Salztonebene, die eine etwa 120 km lange und 70 km breite Senke ausfüllt. In der Regenzeit wird die Etoschapfanne von Wasser überschwemmt, den Rest des Jahres ist das Gebiet bis auf einige Wasserlöcher ausgetrocknet. Die Salzpfanne ist Teil des riesigen Etoscha-Nationalparks, zu dessen artenreicher Tierwelt beispielsweise Löwen, Elefanten, Leoparden, Zebras und auch Giraffen zählen.

Lesotho, das ehemalige britische Protektorat Basutoland, ist zwar ein Königreich, die Macht in dem seit 1966 unabhängigen Binnenstaat liegt jedoch hauptsächlich in den Händen eines Militärrats. In dem gebirgigen Land, das völlig vom südafrikanischen Staatsgebiet umringt ist, erhebt sich der höchste Gipfel des südlichen Afrika, der Thabana Ntlenyana (3482 m) in den Drakensbergen. Lesotho besitzt großartige Gebirgslandschaften, die Böden sind jedoch von der Erosion ausgelaugt. Die Landwirtschaft ernährt daher nur einen kleinen Teil der insgesamt rund 1,8 Mio. Einwohner, von denen viele ihr Brot in südafrikanischen Goldminen verdienen.

Seit einigen Jahren öffnet sich Lesotho zunehmend dem internationalen Tourismus. Das Königreich bietet seinen Besuchern etliche landschaftliche Attraktionen, darunter den Thaba Mosiu, den „Berg der Nacht“, den König Moshoeshoe im 19. Jh. zu einer natürlichen Festung ausbauen ließ. Sehenswert sind auch die zahlreichen Felsmalereien, die einst Buschmänner in den von ihnen bewohnten Höhlen hinterlassen haben. Wintersport kann man in den Bergen von Maluti treiben, und die Hauptstadt Maseru mit ihren vielen Kasinos ist das Ziel zahlreicher Südafrikaner, da in ihrer Heimat Glücksspiele verboten sind.

Swasiland, der gebirgige Binnenstaat am Ostabhang der Drakensberge, ist von Mosambik und Südafrika umschlossen. Wald und Grasfluren prägen das zweitkleinste Land Afrikas. Die Hälfte der Bodenfläche befindet sich in den Händen europäischer Farmer, die vor allem Viehzucht betreiben, jedoch auch große Flächen mit Obst für den Export bebauen. Südafrikanische und britische Gesellschaften beuten die Eisen- und Asbestminen aus und bewirtschaften Zuckerrohrplantagen.

Im Jahr 1968 wurde das ehemalige britische Protektorat in die Unabhängigkeit entlassen. Swasiland, eine der letzten Monarchien Afrikas, wird von einem Alleinherrscher regiert, der sich von verschiedenen Gremien beraten läßt.

Etwa 90 % der Bevölkerung sind Swasi, deren Vorfahren Anfang des 19. Jh. aus dem Süden des Kontinents in das Gebiet des heutigen Swasiland eindrangen. Der Alltag der Landesbewohner wird von einer Vielfalt an Traditionen bestimmt; bedeutendstes kulturelles Ereignis ist das Incwalafest, das jedes Jahr im Dezember gefeiert wird und fast einen Monat dauert. Im Mittelpunkt der Feierlichkeiten steht der König, der mit zahlreichen Ritualen geehrt wird.

▲ *Das vor der Ostküste Madagaskars gelegene Nosy Boraha (das ehemalige Sainte-Marie) ist für seine reiche tropische Vegetation bekannt. Der Passatwind, der vom Indischen Ozean herweht, zaust die Kokospalmen, welche die weißen Sandstrände der ehemaligen Pirateninsel säumen.*

Madagaskar

Etwa 400 km vor der Küste Südostafrikas bezaubert die „Große Insel" durch die Vielfalt ihrer außergewöhnlichen Flora und Fauna. Brandrodung und Holzeinschlag bedrohen jedoch das einst grüne Paradies im Indischen Ozean.

Die etwa 400 km breite Straße von Mosambik trennt die – abgesehen von Australien – nach Grönland, Neuguinea und Borneo viertgrößte Insel der Welt vom afrikanischen Kontinent. Mit einer Fläche von fast 600 000 km² (einschließlich einiger kleiner vorgelagerter Eilande) ist Madagaskar größer als Frankreich und Belgien zusammen.

Von Norden nach Süden, vom Kap d'Ambre bis zum Kap Sainte-Marie, erstreckt sich die Insel über ungefähr 1600 km, ihre maximale Breite erreicht sie mit fast 600 km zwischen Mahavelona und Tambohorano. Die Gesamtlänge der Küsten beträgt annähernd 5000 km und übertrifft damit beispielsweise die Ausdehnung der Küsten Frankreichs um fast 2000 km.

Madagaskar, das fast ausschließlich im Bereich der Tropen liegt, wird als Reststück des verschwundenen Südkontinents Gondwanaland betrachtet, jenes Atlantis der Südsee, das noch vor dem Mesozoikum neben dem afrikanischen Kontinent die indische Halbinsel, Südamerika, Australien und die Antarktis umfaßt haben soll.

Ein Großteil der Inselfläche wird vom zentralen Hochland eingenommen, einem roten, hügeligen, oft mit Wiesen bedeckten Plateau, das von einzelnen, bis zu 1800 m hohen Gebirgszügen überragt wird. Auf Madagaskar finden sich verschiedenartigste Gebirgsformationen auf engstem Raum nebeneinander. Die höchsten Gipfel der Insel erheben sich im Tsaratananamassiv (2876 m), das im nördlichen Teil der Insel liegt. Hier

▲ *Grabstätten der im Süden der Insel lebenden Mahafaly: Aus einer Schicht von Steinbrocken ragen die Hörner geopferter Zeburinder; reich verzierte Pfahlskulpturen,* aloalos, *zeigen Szenen aus dem Alltagsleben der Verstorbenen.*

befindet sich das Siedlungsgebiet der Tsimihety, eines der zahlreichen Stämme, die es auf Madagaskar gibt.

Im Nordteil des zentralen und in sich zerklüfteten, 2643 m hohen Ankaratramassivs leben die hellhäutigen Merina; hier liegt auch die Hauptstadt der Insel, Antananarivo, – das ehemalige französische Tananarive. Das Siedlungsgebiet der Betsileo, dessen Provinzhauptstadt Fianarantsoa heißt, stellt die südliche Verlängerung dieser zentralen Hochplateaus dar. Zwischen beiden Regionen erstreckt sich eine Übergangszone aus weiteren Hochebenen und Plateaus um Antsirabe.

Vom Flugzeug aus erkennt man, daß sich zwischen den Erhebungen und Senken, den mit Seen gefüllten Kratern erloschener Vulkane und zahlreichen Erosionslöchern ausgedehnte Ackerflächen erstrecken. Im Süden der Insel ragt das Andringitramassiv mit unzugänglichen Steilwänden 2658 m in die Höhe; bei Ihosy im Südwesten Madagaskars erinnern ausgeprägte Sandsteinformationen an klassische Wildwestszenerien.

Der äußerste Süden, das Siedlungsgebiet der Antandroy, ist eine Region, deren Kalk-

▶ *Landschaften von strenger Schönheit kennzeichnen den trockenen, kargen Süden der Insel; vereinzelte, von Dornenzäunen umgebene Dörfer liegen am Fuß baumloser Hügel.*

▲ *Die von Strauchvegetation bedeckten Inseln des Itasysees sind von einem Gürtel erloschener Vulkane umgeben. Das etwa 130 km westlich von Antananarivo gelegene Gewässer ist nicht nur ein beliebtes Ausflugsziel, sondern auch ein ergiebiges Fischfanggebiet.*

plateau von einer mächtigen Sedimentschicht bedeckt ist. Dornbuschsavannen, aus denen vereinzelt Affenbrotbäume ragen, überziehen die Landschaft. Der geologische Aufbau der Insel weist Madagaskar als einen sehr alten kristallinen Sockel aus Gneis, Glimmerschiefer und verschiedenen Quarzen aus, der durch Erosion abgetragen und im Lauf der Jahrtausende an nordsüdlich verlaufenden Brüchen herausgehoben wurde. Granitrücken und jüngere Vulkanmassive überragen die Gneishochflächen. Im Osten bricht dieser Sockel steil ab, während er nach Westen in ein flachwelliges Stufenland mit Schichten aus Jurakalken, Kreidesandsteinen und tertiären Kalken übergeht.

Die lagunenreiche Ostküste verläuft nahezu geradlinig, nur die Antongilbucht bildet im Nordosten einen tiefen Einschnitt. Zwar weist die Westküste, wie beispielsweise am Kap Sainte-Marie, einige felsige Abschnitte auf, doch präsentiert sie sich meist als eine Abfolge von dünengesäumten kilometerlangen Stränden entlang von Lagunen, denen riesige Korallenriffe vorgelagert sind. Im Nordwesten hingegen ist die Küste stark zerklüftet und bildet zwischen dem Kap Saint-André und dem Kap d'Ambre zahlreiche kleine Buchten.

Wirbelstürme und Trockenperioden

Die Vielfalt des Klimas

Angesichts der Größe der Insel ist man geneigt, Madagaskar als einen kleinen Kontinent anzusehen. Die klimatische Vielfalt

zwischen dem Kap d'Ambre und dem Kap Sainte-Marie bestätigt diese Sichtweise.

An der Ostküste gibt es praktisch keine Trockenperiode. Das ganze Jahr hindurch stauen sich die Winde des Südostpassats an den Berghängen im Hinterland des Küstengebietes, so daß hier die Luftfeuchtigkeit sehr hoch ist. Auch außerhalb der eigentli-

▶ *Der Larvensifaka, ein Halbaffe, ist ein typischer Vertreter der madagassischen Fauna. Er lebt in den Bäumen und ernährt sich von Blättern, Blüten und Früchten. Das possierliche Tier zählt zu den wenigen Lemuren, die auch tagsüber aktiv sind.*

▲ *Der „Flaschenbaum", der zu den insgesamt sieben Affenbrotbaumarten Madagaskars zählt, unterscheidet sich durch seinen schmalen Stamm von den Baobabs auf dem afrikanischen Kontinent.*

▲ *Die Merina, die mit etwa 25% bedeutendste Bevölkerungsgruppe Madagaskars, errichteten für ihre Toten aufwendige Mausoleen. Die Grabstätten sind mit zahlreichen Verzierungen geschmückt.*

chen Regenzeit, die hier im März/April ihren Höhepunkt erreicht, fällt selbst in den Sonnenmonaten September bis November an ungefähr zehn Tagen pro Monat Niederschlag. Der Süden Madagaskars, in dem keine Passatwinde wehen, ist durch konstante Trockenheit gekennzeichnet.

Im Nordteil sind die Jahreszeiten deutlich voneinander abgegrenzt. Der Sommer bringt oft sintflutartige Regenfälle, die der Nordwestmonsun von Dezember bis April mit sich führt. Der Winter ist trocken und dauert von Mai bis Oktober, wobei das milde Klima auf der nordwestlich von Madagaskar gelegenen Insel Nosy Bé eine Ausnahme bildet. Im Südwesten ist die Trokkenperiode weniger stark ausgeprägt.

Gegen Ende der Regenzeit, zwischen Mitte Januar und Mitte März, fegen von der Ostküste her Wirbelstürme über die Insel. Von den 95 Wetterstürzen, die in einem Zeitraum von 40 Jahren von den Meteorologen aus Antananarivo beobachtet wurden, richteten fast zwei Drittel dieser sogenannten Mauritiusorkane größere Schäden an.

Die unterschiedlichen klimatischen Bedingungen erklären die erheblichen Temperaturdifferenzen zwischen den verschiedenen Regionen. Die gesamte Ostküste weist ein subäquatoriales, ständig feuchtes Klima mit Durchschnittstemperaturen von 25 °C auf. Im Westen und Nordwesten mit einer deutlichen Trennung zwischen Regen- und Trockenzeit gibt es warme Sommer und kühlere Winter. Je weiter man nach Süden vordringt, um so mehr verstärkt sich die Trockenheit. Im Hochland pendelt sich das Thermometer im Lauf des Tages bei 18 °C ein; zwischen November und April bringt der Spätnachmittag häufig schwere Gewitter mit sich. Die Temperatur kann hin und wieder jedoch plötzlich absinken, so daß sogar eine dünne Schicht Rauhreif manchmal die Gräser bedeckt.

Flora und Fauna

Eldorado für Botaniker

Je nach Klima und Höhenlage variiert die Vegetation in den verschiedenen Regionen Madagaskars. Die Feuchtigkeit der Ostküste begünstigt das Wachstum von dichtem, immergrünem Feuchtwald und die Entstehung von Sümpfen mit Schraubenpalmen, Schilfdickichten und föhrenähnlichen Filaos (Casuarine, Streitkolbenbäume). Das Hochplateau besteht zumeist aus Grasland und spärlichem Trockenwald. Die großen Wälder, die einst weite Teile der Insel bedeckten, sind durch Buschfeuer, Brandrodung, wildes Abholzen zum Zweck der Brennholzgewinnung und – schon seit der Kolonialzeit – Einschlag zu Exportzwecken lichter Baumsavanne gewichen.

Bereits seit einigen Jahren gibt es allerdings Bestrebungen, der Zerstörung der Natur endlich Einhalt zu gebieten. Internationale Hilfsorganisationen unterstützen einen Aktionsplan, der tiefgreifende Veränderungen im Verhältnis der Madagassen zur Umwelt bewirken soll. Leider ist es sehr schwierig, der Bevölkerung in einem der ärmsten Staaten der Welt deutlich zu machen, daß der Raubbau an der Natur die Lebensgrundlage zukünftiger Generationen unwiderruflich zerstört.

Obwohl es auf der Insel eine Fülle seltener Blumenarten gibt, die Madagaskar zu einem Eldorado für Botaniker machen, haben die Eingriffe des Menschen in die Natur zu einer spürbaren Verarmung der Pflanzenwelt geführt, die nicht ohne Auswirkungen auf die Fauna bleiben konnte. Dennoch existieren hier einige endemische Arten, die eine Mittelstellung zwischen der Tierwelt Afrikas und Asiens einnehmen. An der Ostküste beispielsweise leben Lemuren, jene seltsamen Halbaffen, denen der legendäre Urkontinent Gondwanaland seinen zweiten Namen „Lemuria" verdankt. Auf Madagaskar gibt es keine großen Raubtiere und außer Krokodilen auch keine Reptilien. Die zahlreichen Seen sind vor allem von Wasservögeln bevölkert, im Süden des Landes gibt es beispielsweise rosafarbene Flamingos. Blindfische leben in den Tiefen des Tsimanampetsotrasees, Forellen im kalten Manjakatomposee, Reisfeldaale in den Sümpfen des Alaotrasees und Karpfen im kleinen Itasysee. Zierfische schwimmen im Mantasoastausee, der die Wasserversorgung der Hauptstadt garantiert. Zahlreiche Tierarten, wie beispielsweise die Zwergflußpferde, die großen Halbaffen und Riesenschildkröten, sind leider ausgestorben. Auch *Aepyornis maximus*, den Riesenstrauß, der bis zu 3 m hoch werden konnte, gibt es bereits seit mehreren hundert Jahren nicht mehr. Das flugunfähige Tier wog über 400 kg und war damit der schwerste Vogel der Welt.

Besiedlung der Insel

Vermutungen und Gewißheiten

Schon seit vielen Jahren diskutieren Wissenschaftler über die Herkunft des Riesenstraußes und der zahlreichen endemischen Arten auf Madagaskar. Auch die Frage nach der Besiedlung der Insel war lange Zeit umstritten. Inzwischen scheinen Ergebnisse der Anthropologie und der Sprachforschung sowie Studien über Bodenbearbeitungsgeräte, Bau-, Jagd- und Fischereitechniken und die Ähnlichkeit von bestimmten Musikinstrumenten zu beweisen, daß die Madagassen Nachkommen von Indonesiern und Malaien sind, die sich mit afrikanischen Sklaven vermischten.

Wahrscheinlich waren indonesische Seefahrer die ersten Bewohner Madagaskars. Sie besiedelten die Insel vermutlich bereits im 1. Jh. n. Chr. Ob vorher eine alteingesessene Bevölkerung, etwa das Zwergvolk der Vazimba, auf Madagaskar lebte, ist bis heute noch ungeklärt; die Forschungsergebnisse der letzten Jahre deuten allerdings darauf hin, daß die Insel bis zur Ankunft der Indonesier unbesiedelt war. Die Vielfalt der Bevölkerung Madagaskars – es gibt rund 20 größere Stämme – erklärt sich aus der Tatsache, daß die Indonesier in verschiedenen Einwanderungswellen in das Land eindrangen und die bereits seßhaften Siedler sich immer weiter ins Landesinnere zurückziehen mußten, um ihre Eigenständigkeit zu bewahren.

Etwa ab dem 10. Jh. gründeten Araber an der Nordküste einige Handelsplätze. Die Westküste wurde von Afrikanern aus Sansibar und Kilwa besiedelt. Im Jahr 1500 ent-

▲ *Die Festung von Antananarivo (17.–19. Jh.) beherbergt die Gebeine zahlreicher Merinakönige. Die Grabstätten der Herrscher erheben sich in unmittelbarer Nähe des königlichen Palasts auf steinernen Sockeln.*

deckte der Portugiese Diego Diaz als erster Europäer die Insel, die er São Lorenço nannte. Später konnte sich der Name „Madagaskar" durchsetzen, obwohl auch ein anderer, bereits zwei Jahrhunderte zuvor von Marco Polo beschriebener Ort so genannt worden war; der berühmte venezianische Reisende meinte – so wird vermutet – das heutige Mogadischu in Somalia.

Nachdem Anfang des 16. Jh. portugiesische Bemühungen, die Insel zu kolonialisieren, gescheitert waren, ergriff 1643 der Franzose Jacques Pronis im Namen Ludwigs XIII. Besitz von Madagaskar. Zu Ehren des französischen Thronfolgers, des späteren Königs Ludwig XIV., nannte er es „Île Dauphine" (Kronprinzeninsel) und gründete an der Südostspitze der neuen Kolonie Fort Dauphin, das heutige Taolanaro. Mehr als 30 Jahre lang blühten an den Küsten Madagaskars französische Handelsniederlassungen, die vom französischen Finanzminister Colbert gefördert wurden. Im Jahr 1674 jedoch gaben die Franzosen nach einer Niederlage gegen die einheimische Bevölkerung schließlich ihre Siedlungen auf.

Gegen Ende des 17. Jh. und während des 18. Jh. dienten die madagassischen Küsten Piraten als willkommene Schlupfwinkel. Die an der Ostküste ansässigen Betsimisaraka-Stämme vereinigten sich unter der Führung Ramanaos, des Sohnes eines englischen Piraten, und gründeten ein kleines Reich. Trotz ihrer Niederlage hatten auch die Franzosen die Hoffnung nicht aufgegeben, in Madagaskar Fuß zu fassen. 1750 richteten sie sich auf dem vor der Nordostküste der Insel gelegenen Eiland Sainte-Marie (Nosy Boraha) ein. Sie kehrten nach Fort Dauphin zurück, um einen weiteren Versuch zu unternehmen, in der Bucht von Antongil Stützpunkte einzurichten. Allen Schwierigkeiten zum Trotz gründeten sie Handelsniederlassungen in Foulpointe (1767) und Tamatave, dem heutigen Toamasina (1804). Um 1810 vertrieben Engländer die Franzosen, die nur noch Sainte-Marie behielten, bis ihnen der Vertrag von Paris (1814) die madagassischen Gebiete erneut zusprach.

Die Merina

Ein Reich im Hochland

Während sich die Europäer bemühten, an den Küsten Madagaskars heimisch zu werden, gingen die im Herzen des Hochlandes lebenden Merina aus zahlreichen Stammesfehden als die führende Kraft hervor und formten ein Königreich.

Im 17. Jh. gründete der Merinakönig Andrianjaka auf dem höchsten der zwölf Hügel des Imerinagebiets die Stadt Antananarivo. Doch erst König Andrianampoinimerina (1777–1810) schaffte es, die verschiedenen Stammesgebiete unter einem feudalen System zu vereinen und zu beherrschen. Er annektierte die im Süden gelegenen Siedlungsgebiete der Betsileo und schuf so die Grundlagen der politischen Einheit Madagaskars. Seinen Machtanspruch bekräftigte er mit den Worten: „Das Meer wird die Grenze meines Reisfeldes sein." In den 90er Jahren des 18. Jh. machte der König Antananarivo zu seiner Hauptstadt.

▲ *Die schönen Sakalavafrauen kleiden sich gern mit Stoffen in kräftig leuchtenden Farben.*

Sein Sohn Radama I. (1810–1828) setzte das Werk des Vaters fort. Er förderte die innere Einheit und öffnete Madagaskar dem Ausland, indem er wirtschaftliche und kulturelle Beziehungen zu den Engländern – beispielsweise zum Gouverneur von Mauritius – und den Franzosen knüpfte. Unter seiner Herrschaft wurden die ersten Schulen eröffnet. Mit Hilfe der Engländer rüstete Radama I. seine Armee aus. Nach der Eroberung von zwei Dritteln der Insel ließ er sich im Jahr 1817 von Großbritannien als König von Madagaskar anerkennen. Allein die Stämme im äußersten Süden sowie die dunkelhäutigen Sakalava im Westen konnten sich gegen ihn zur Wehr setzen.

Nach dem Tod Radamas I. übernahm seine Ehefrau und Kusine Ranavalona I. (1828–1861) die Macht. Unter ihrer Herrschaft kam es zu schweren Auseinandersetzungen zwischen der einheimischen Bevölkerung sowie den französischen und englischen Händlern, die in Madagaskar lebten. Sie wies die Europäer aus dem Land und verfolgte die anglikanischen und katholischen Missionare, die während der Regierungszeit ihres Vorgängers nach Madagaskar gekommen waren.

Radama II., der Sohn von Ranavalona I., übernahm im Jahr 1861 die Macht. Erneut öffnete sich Madagaskar ausländischen Einflüssen. Bereits ein Jahr darauf wurde ein Vertrag mit Frankreich abgeschlossen; europäische Missionare und Geschäftsleute kehrten in das Land zurück. Der König geriet jedoch in Konflikt mit seinem Premierminister Rainilaiarivony, der ihn im Jahr 1863 ermorden ließ. Fortan regierten nur Frauen das Land: Rasoherina (1863–1868), Ranavalona II. (1868–1883) und Ranavalona III. (1883–1897). Unter diesen Königinnen lag die Macht jedoch in den Händen Rainilaiarivonys, der nacheinander alle drei Herrscherinnen heiratete. Er trieb die Politik der Öffnung weiter und unterhielt diplomatische Beziehungen zu den damaligen Weltmächten. 1881 gab er dem Land ein bürgerliches Gesetzbuch.

Kolonialzeit

Die Interventionen der Franzosen

Trotz der Anlehnung an westliche Vorbilder, die vom madagassischen Premierminister gefördert wurde, kam es während der Regierungszeit Ranavalonas III. zu kriegerischen Auseinandersetzungen mit Frankreich, das 1885 ein Protektorat errichtete. Die Schutzherrschaft über die Insel Nosy Bé hatten die Franzosen schon 1841 übernommen. Die Madagassen setzten sich gegen die neuen Machthaber zur Wehr und verwickelten die Franzosen in heftige Auseinandersetzungen. 1894 landete ein Expeditionskorps unter dem Befehl von General Duchesne im an der Westküste gelegenen Mahajanga und brach von dort ins Hochland auf. Antananarivo mußte am 30. September 1895 kapitulieren. Weniger als neun Monate später stimmte das französische Parlament für die Annexion Madagaskars, das am 6. August 1896 zur Kolonie erklärt wurde.

Erster französischer Gouverneur der Insel wurde General Galliéni (1896–1905), der kurze Zeit nach seinem Amtsantritt einen Aufstand der Merina niederschlug. Ranavalona III., die man der Kollaboration mit den Rebellen beschuldigte, wurde Anfang des Jahres 1897 abgesetzt und erst nach Réunion, später dann nach Algerien verbannt.

Unter Galliéni wurde der Verwaltungsapparat neu strukturiert und der Handelsverkehr ausgebaut. Der Gouverneur ließ Straßen erschließen und förderte den Bau eines Eisenbahnnetzes. Madagaskar wurde zu einem Absatzmarkt für französische Industrie-

▲ *Der Andranotoraha-See liegt in einem der eindrucksvollsten Krater des Itasy-Vulkanmassivs. Einer Überlieferung zufolge beherbergt das Gewässer ein geheimnisvolles Ungeheuer, das nur nachts erscheint und bisher von keinem Menschen gesehen wurde.*

produkte. Die Ausbeutung einheimischer Rohstoffe diente nicht der madagassischen Bevölkerung, sondern – wie fast alle französischen Aktivitäten auf Madagaskar – ausschließlich der Kolonialmacht.

Schwierige Jahre

Der Weg in die Unabhängigkeit

Die offensichtliche Ausbeutung der Insel durch die Franzosen führte zu wachsender Unzufriedenheit in der Bevölkerung. 1915 formierte sich eine Untergrundbewegung, die V.V.S. (*Vy*, *Vato*, *Sakelika*: „Eisen, Stein, Netzwerk"). Die Franzosen reagierten mit harten Unterdrückungsmaßnahmen auf die aus ihrer Sicht illegale Opposition. Mitte der 20er Jahre forderte Jean Ralamongo, ein Grundschullehrer und Freiwilliger des Ersten Weltkriegs, gleiche Rechte für die französische und madagassische Bevölkerung der Insel. Ab 1929 trat er öffentlich für die Unabhängigkeit Madagaskars ein.

Der Zweite Weltkrieg führte in der französischen Kolonie zu tiefgreifenden Veränderungen. Nach der Niederlage Frankreichs gegen Hitler-Deutschland schloß sich die Verwaltung der Insel 1940 der Kollaborationsregierung unter Marschall Pétain an, die ihren Sitz in Vichy hatte. Zwei Jahre später wurde Madagaskar von britischen und südafrikanischen Truppen erobert, die einer drohenden Besetzung der Insel durch Japan zuvorkamen. 1943 erfolgte der Anschluß an das freie Frankreich.

Schwere wirtschaftliche Probleme und die daraus resultierende Verschlechterung der sozialen Lage führten zu folgenschweren Unruhen. Im März 1947 brach an der Ostküste ein blutiger Aufstand aus. Die Rebellion, die etwa 80 000 Todesopfer forderte, wurde niedergeschlagen, und es folgte ein Prozeß gegen die Anführer des *Mouvement Démocratique de Rénovation Malgache* (Demokratische Bewegung für die madagassische Erneuerung). Trotz der Auflösung des Mouvement und der Inhaftierung zahlreicher Oppositioneller näherte sich die Herrschaft der Franzosen ihrem Ende. Nach und nach gewährten die Franzosen den Madagassen Selbstverwaltungsrechte. Philibert Tsiranana (1912–1978), der Gründer der Sozialdemokratischen Partei, war Mitte der 50er Jahre der erste einheimische Vizepräsident von Madagaskar.

Am 14. Oktober 1958 wurde in Tananarive die Republik ausgerufen und das Annexionsgesetz von 1896 aufgehoben. Zwei Tage nach der Verabschiedung einer Verfassung erfolgte am 1. Mai 1959 die einstimmige Wahl Tsirananas zum Präsidenten. Die neue politische Führung des Landes führte allerdings nur sehr wenige Reformen durch; die franzosenfreundliche Haltung von Tsiranana schadete seinem Ansehen in der Bevölkerung jedoch nicht.

Ende der 70er Jahre begann die Popularität Tsirananas, der 1965 triumphal wiedergewählt worden war, zu sinken. Aufgrund seiner Abstammung von den Tsimihety warf man ihm vor, die Küstenbewohner begünstigt zu haben. Im April 1971 brachen im Süden der Insel Unruhen aus.

▲ *Im Hochland sind die Häuser begüterter Familien meist mit einer Veranda ausgestattet, die von steinernen Säulen gestützt wird.*

Ein Jahr später kam es an der Universität von Tananarive zu einem weiteren Aufstand. Die zunehmende Unzufriedenheit der Bevölkerung mit Tsiranana führte 1972 zum Rücktritt des Präsidenten. General Ramanantsoa verhängte das Kriegsrecht und erhielt die Vollmacht zur Bildung einer Unionsregierung, die eine neue Verfassung ankündigte.

Die neue Regierung lockerte die Beziehungen zu Frankreich: Kooperationsverträge mit Frankreich beinhalteten den Abzug der französischen Streitkräfte. Am 30. Dezember 1975 wurde die Zweite Republik ausgerufen. Der Präsident des Obersten Revolutionsrats, Admiral Didier Ratsiraka, erhielt bei einem Referendum über 90% der Stimmen.

In den 80er Jahren kam es zu einer zunehmenden Verschärfung der ohnehin schon schwierigen wirtschaftlichen Situation. Vor allem in den letzten Jahren formierte sich eine starke Opposition gegen Präsident Ratsiraka, der 1989 für weitere sieben Jahre in seinem Amt bestätigt wurde. 1991 kam es zu Massendemonstrationen, und der Wider-

▶ *Die zerklüfteten Sandsteinfelsen im Isalomassiv in der Nähe von Ranohira im Süden Madagaskars sind durch Winderosion entstanden, die aus den weichen Gesteinsschichten seltsame Formen herausgeschmirgelt hat.*

▲ *Im Norden Madagaskars, vor allem in der Region von Antsiranana (einst Diégo-Suarez), leben die Antankarana, deren Gesichtszüge ihre afrikanische Abstammung erahnen lassen.*

stand bildete eine Gegenregierung. Präsident Ratsiraka reagierte mit der Verhängung des Ausnahmezustands und dem Einsatz des Militärs.

Reis und Maniok

Lebensgrundlage der Bevölkerung

Drei Viertel der Bevölkerung Madagaskars sind Bauern; obwohl nur 3% der Gesamtfläche der Insel landwirtschaftlich genutzt werden, produzieren die Bauern 90% der Exportgüter Madagaskars.

Das wichtigste Anbauprodukt weist auf die indonesische Herkunft der Bevölkerung hin. Außer im Süden der Insel prägen Reiskulturen die Landschaft und verleihen ihr einen ganz eigenen Reiz. Im Siedlungsgebiet der Betsileo sind die Kulturen terrassenartig zwischen Maisfeldern und Bohnenplantagen an den Berghängen angelegt. Neben Maniok ist Reis das bedeutendste Nahrungsmittel auf der Insel. Im Durchschnitt verzehrt jeder Madagasse ein Pfund Reis pro Tag; in kaum einem anderen Land der Welt wird mehr Reis konsumiert als hier. Trotz der großen Anbauflächen muß die Regierung auf dem Weltmarkt Reis einkaufen, um die 12 Mio. Bewohner Madagaskars zu ernähren; ineffiziente Anbaumethoden verhindern höhere Erträge. Wichtiges landwirtschaftliches Exportprodukt ist der Kaffee, der seit ungefähr 100 Jahren im Osten der Insel angebaut wird. Die stetig fallenden Weltmarktpreise für Kaffee stellen seit einigen Jahren eine schwere Belastung für die Wirtschaft des Landes dar. Neben den allgegenwärtigen Kaffeesträuchern prägen überwiegend Gewürznelkenbäume das Landschaftsbild der Ostküste. Etwa ein Drittel der gesamten Gewürznelkenproduktion der Welt kommt aus Madagaskar – vor allem aus den Plantagen von Sainte-Marie. Schon seit langem wird Zuckerrohr kultiviert; die Hauptanbaugebiete liegen im Westen und Nordwesten der Insel sowie auf Nosy Bé. Madagaskar ist der größte Vanillelieferant der Welt; die bevorzugt im Nordosten angebauten Vanillepflanzen decken ungefähr vier Fünftel des internationalen Bedarfs. Andere wichtige Exportkulturen sind Pfeffer, Erdnüsse, Tabak, Kakao und aromatische Pflanzen.

Neben Ackerbau wird in den Dorfkooperativen Madagaskars auch Viehzucht betrieben. Wie bei einigen Völkern Afrikas erhöht der Besitz von Vieh den gesellschaftlichen Status des Besitzers. In den Savannen, die gute Voraussetzungen für die Viehzucht bieten, hält man vor allem Zeburinder; der Gesamtbestand an Rindern beträgt fast 10 Mio. Tiere. Große Rinderzuchtgebiete liegen im Westen, im Mittelwesten und im Süden; die Tiere werden in der Nähe von Betroka am Onilahy, bei Beroroha am Mangoky, in der Umgebung von Ihosy und Mandobe sowie weiter nördlich bei Tsaratanana gezüchtet. Im äußersten Süden, einer trockenen Region mit überwiegend armer Bevölkerung, stellen Schafe und auch Ziegen die wichtigste Einkommensquelle dar.

Küsten, Wälder und Savannen

Eine ursprüngliche Landschaft

Madagaskar hat alle Voraussetzungen, um naturbegeisterten Urlaubern einen unvergeßlichen Aufenthalt zu bieten: eine außergewöhnliche Vielfalt kontrastierender Landschaften, eine reiche Tierwelt und herrliche Strände – abgesehen von den beiden großen touristischen Zentren Nosy Bé und Antananarivo sind diese natürlichen Reichtümer bisher glücklicherweise kaum erschlossen.

Die weiten Landschaften im Westen der Insel, die feuchtwarmen Wälder des Ostens, die Dornbuschsavannen im Süden sowie die Berge im Norden Madagaskars warten immer noch auf ihre Entdeckung durch den Fremdenverkehr. Mit dem Flugzeug erreicht man die wichtigsten Städte, deren Umgebung mit einem Mietwagen erforscht werden kann. Leider sind nur die wenigsten Straßen mit einer Asphaltdecke ausgestattet, die Ausflüge auf Schotter- und Sandstraßen können sehr anstrengend sein.

Mit Ausnahme der Antongilbucht bildet die Ostküste eine gerade, wie mit dem Messer geschnittene Linie. Winde und Meeresströmungen haben diesen endlosen Küstenstreifen geformt, das Material dazu lieferten die ins Meer mündenden Flüsse des Hochlandes. Es entstand eine Folge von Nehrungen und Lagunen, die durch einen mehrere hundert Kilometer langen, schiffbaren Kanal verbunden wurden. Hier erstreckt sich über mehr als 600 km die Landschaft der Pangalanen, ein riesiges, schwülwarmes Feuchtgebiet mit Katappenbäumen, Pandanus und Palmfarnen.

▲ *Die einige Seemeilen vor der Nordwestküste Madagaskars gelegene Insel Nosy Bé ist eine kleine Welt für sich. Herrliche Sandstrände säumen das buchtenreiche Hügelland, über dem der Duft der Ylang-Ylang-Plantagen liegt. Aus den Blüten dieses Baumes wird ein fruchtig-blumiges Öl gewonnen, das vornehmlich in der Parfümindustrie Verwendung findet.*

Westlich an diese Region schließen die großen Wälder an, die sich einst bis an die Küste erstreckten: ein Gewirr von Bäumen und Lianen, die sich an Steilhänge klammern, von denen Wasserfälle hinunterstürzen. Dies ist der Lebensraum der seltsamen Lemuren – Halbaffen, die in ihrem Äußeren an Clowns erinnern. Mit seinen ungewöhnlich langen, mit Krallen bewehrten Fingern ist das Fingertier (*Aye-Aye*) eines der skurrilsten Geschöpfe dieser Art. Die größten Halbaffen, die es heute noch auf der Insel gibt, sind die Indris; ein ausgewachsenes Tier erreicht etwa die Ausmaße eines Gibbons. Sie sind an ihrem hundeähnlichen Gesicht und dem schwarzweiß gefärbten Fell zu erkennen.

Toamasina ist die größte Stadt an der Ostküste und der bedeutendste Hafen der Insel. Der Name ist möglicherweise auf eine Überlieferung zurückzuführen, die besagt, daß Radama I. dort zum ersten Mal das Meer erblickte und – nachdem er das Meerwasser gekostet hatte – ausrief: „*Toa masina* – es ist salzig“. Die Straßen der sehenswerten Stadt

▲ *Südlich von Antsiranana liegt der heilige See von Anivorano, in dem Krokodile, die größten Tiere Madagaskars, leben. Die Bewohner der Region sehen sie als die Reinkarnation ihrer Vorfahren an. Sie bringen den Reptilien Fleischopfer dar und erbitten ihren Beistand bei persönlichen Problemen.*

werden von Flammenbäumen oder Palmen gesäumt.

Die Ostküste ist besonders reich an malerischen Plätzen. Nördlich von Mananjary im Distrikt von Nosy Varika befindet sich Madagaskars gewaltigster Wasserfall. Der Fluß Sakaleona stürzt über eine imposante Randschwelle hinab, deren zweite Stufe von einer vollkommen senkrechten, 250 m hohen Steilwand gebildet wird. Sehenswert ist auch das kleine Dorf Vatomandry, das sich entlang des Pangalanenkanals unter Kokospalmen zwischen einer Lagune und dem Meer zu verstecken scheint. Nördlich von Toamasina liegt Mohavelona – das einstige Foulpointe – zwischen Mango- und Katappenbäumen. Dieser kleine Ort ist für zahlreiche Städter ein beliebtes Ferienzentrum.

Die Nordwestküste

Vom Kap d'Ambre bis zum Kap Saint-André

Die Nordwestküste zählt zu den weitaus schönsten Regionen der Insel. Zwischen dem Kap d'Ambre und Kap Saint-André erstrecken sich zahlreiche, durch das Tsaratananagebirge vor den starken Ostwinden geschützte Buchten. Die dem afrikanischen Kontinent zugewandte Küste war schon vor langer Zeit Ziel arabischer Siedler, die von Sansibar herüberkamen.

Trotz ihrer zahlreichen landschaftlichen Höhepunkte ist die Küste vom Tourismus bislang weitgehend verschont geblieben. Der Lac Sacré, der „Heilige See", ist vor allem wegen der heiligen Krokodile bemerkenswert, denen zu bestimmten Zeiten Opfer dargebracht werden. In der Umgebung von Ambilobe sind es die Grotten bei Ankarana, in deren Gängen, die mit Stalaktiten versehen sind, die Antankarana einst letzte Zuflucht vor Radama I. suchten. In den Gängen sollen außer einem Kriegsschatz auch königliche Gräber verborgen sein.

Ambanja liegt inmitten eines reichen Akkerbaugebietes, das vom Tsaratananagebirge beherrscht wird. Hier erhebt sich Madagaskars höchster Berg, der 2876 m hohe Maromokotro. Von der kleinen, am Sambirano gelegenen Provinzstadt Ambanja ist es nicht weit zu den Stränden, die einst von den Sakalavakönigen aufgesucht wurden. Von dort schifft man sich nach Nosy Bé ein.

Die Reede von Ananalava wird von zwei kleinen Eilanden und der Insel Nosy Lava, der Nekropole der Sakalavakönige, gebildet. Hier kann man noch die Lieder und Tänze der Sakalava hören und sehen.

Mahajanga, der zweitgrößte Hafen von Madagaskar, liegt an der Mündung der Betsiboka, die ihre Fluten bis weit in das Meer hinein ergießt. Der Hafen der lebendigen Stadt wird von zahlreichen Frachtschiffen angelaufen.

In der Umgebung von Mahajanga liegt der buchtenreiche, mit kleinen Bungalows übersäte Strand von Amborovy. In einer mehrstündigen Fahrt kann man mit dem Schiff flußaufwärts nach Marovaoy fahren, dem bedeutendsten Binnenhafen Madagaskars, der am Ende einer von Reisfeldern bedeckten Ebene liegt. Marovaoy ist eines der hübschesten Städtchen der Insel. Ein etwas längerer Ausflug führt von hier bis zu den Grotten von Androhibe. Der Gang durch eine Reihe von Sälen mit reichen Tropfsteingebilden endet in einem Saal von der Größe einer Kathedrale. Verfolgt man die Straße weiter in Richtung Antananarivo, so überquert man noch einmal den Fluß Betsiboka, dessen rote Fluten in einem beeindruckenden Naturschauspiel durch ockergelbe Felsbrocken wirbeln, bevor sie dann der mehr als 100 km entfernten Mündung des Flusses in die Küstenbucht zueilen.

Nosy Bé

„Perle des Indischen Ozeans"

Nosy Bé, das „Tahiti des Indischen Ozeans", ist eine kleine, gebirgige Insel mit einer Fläche von fast 300 km². Zahlreiche Kraterseen liegen hier zwischen Zuckerrohrplantagen und Pfefferstrauchpflanzungen. Das Eiland, das im Jahr 1841 französisches Protektorat wurde, heute aber zum Staat Madagaskar

▲ *Die Bewohner des Hochlandes, Nachkommen indonesischer Seefahrer, die vermutlich im 1. Jh. n. Chr. die Insel besiedelten, tragen bei festlichen Anlässen Trachten, die an die Kolonialzeit erinnern.*

gehört, ist touristisch besser erschlossen als weite Teile der Hauptinsel. Die monumentalen Korallenbänke vor der Küste locken alljährlich zahlreiche Taucher an.

Neben dem Fremdenverkehr spielt die Landwirtschaft eine bedeutende ökonomische Rolle. Außer den in der Parfümindustrie genutzten Ylang-Ylang-Bäumen und Zuckerrohr wird auf Nosy Bé auch Vanille angebaut. Inselhauptstadt ist das Badeparadies Hell-Ville. Es bildet den Ausgangspunkt für Ausflüge zu traumhaften, von Kokospalmen gesäumten Stränden oder zum Fischerdorf Ambatoloaka, wo malerische Auslegerboote und ein altes portugiesisches Fort aus dem 16. Jh. zu besichtigen sind. Über dem Dörfchen Ambatozavavy, das zwischen Hügeln versinkt, liegt der zarte Duft der Ylang-Ylang-Pflanze, die hier angebaut wird. In der Bucht von Ambanoro kann ein hochinteressantes ozeanographisches Forschungszentrum besichtigt werden, dem ein Museum angeschlossen ist.

▶ *Auf den Küstengewässern werden für den Warentransport noch häufig Daus mit Lateinersegeln benutzt.*

NOSSI-BE
D/S 63-142

▲ *Die Wälder, die Réunion früher vollständig bedeckten, sind im Lauf der letzten drei Jahrhunderte für Zuckerrohrplantagen abgeholzt worden; die hohen Kokospalmen längs des Weges wirken somit beeindruckend und verloren zugleich.*

Réunion

Die im Westen des Indischen Ozeans gelegene Insel fasziniert den Besucher durch ihre eindrucksvolle Bergwelt. Seit 1946 ist das einst unter dem Namen „Île Bourbon" bekannte Eiland französisches Überseedepartement.

ETWA 800 km vor der Ostküste Madagaskars liegt inmitten des Indischen Ozeans die Insel Réunion, die ebenso wie Mauritius oder einige der Madagaskar vorgelagerten Inseln durch vulkanische Tätigkeit entstand. Zusammen mit Mauritius und den beiden kleinen Inseln Rodrigues und Cargados gehört sie zu den Maskarenen, einem Archipel, der seinen Namen Pedro de Mascarenhas zu verdanken hat. Dieser berühmte portugiesische Seefahrer entdeckte die Inselgruppe, die vermutlich den Arabern schon vorher bekannt gewesen war, im 16. Jh. für Europa.

Réunion, das eine Gesamtfläche von 2510 km² umfaßt, hat die Form einer fast vollkommenen Ellipse. Die Insel besteht aus zwei Bergmassiven. Im Nordwesten erheben sich die vom 3069 m hohen Piton des Neiges überragten Cirques von Mafate, Cilaos und Salazie. Diese Talkessel sind Überreste eines Vulkankegels, dessen riesiger Einbruchkrater von tiefen Schluchten durchzogen wird. Diese reichen bis auf die Hochebenen, deren Ausläufer sich bis zu den Sand- und Felsgürteln des Küstenstreifens erstrecken. Im Südosten erhebt sich der Piton de la Fournaise (2631 m), der einzige noch tätige Vulkan der Insel. Zwischen beiden Massiven dehnt sich eine Region von Hochflächen aus, die *Plaines* genannt werden.

Das Relief der Insel ist eine der Ursachen für die unterschiedlichen klimatischen Bedingungen in den verschiedenen Regionen Réunions. Von Mai bis Oktober ist es vor allem an der Westküste, der „Küste unter dem

▲ *In L'Étang-Salé-les-Bains, das als einziger Badeort Réunions einen Strand mit schwarzem Sand besitzt, genießen die Urlauber das angenehme tropische Klima der geschützten „Küste unter dem Wind".*

Wind", heiß und trocken. Passatwinde aus dem Nordosten führen zu ozeanischen Regenfällen an der Ostküste. Von Dezember bis April herrscht ein feuchtwarmes Klima vor – in diesen Monaten besteht die Gefahr zerstörerischer Wirbelstürme.

Von dem Wald, der früher die ganze Insel bedeckte, sind heute nur noch die riesigen Baumfarne an den Hängen der 1100 m hohen Plaine des Palmistes im Osten Réunions geblieben. Im Hochland gibt es neben Casuarinen ein dichtes Unterholz aus Tamarisken, deren Blätter an wildwachsende Akazien erinnern. Mehr als 300 verschiedene Pflanzenarten machen aus der Insel einen botanischen Garten, in dem es keine giftigen oder für den Menschen gefährlichen Tiere gibt.

Vor weniger als 400 Jahren war die Insel noch unbewohnt. Nach der Entdeckung durch Mascarenhas geriet Réunion lange in Vergessenheit, bis es dann im Jahr 1638 von

▶ *Wie Mauritius ist auch Réunion vulkanischen Ursprungs. Wildzerklüftete Hochplateaus werden von steilen und zum Teil schon stark abgetragenen Kraterwänden flankiert.*

▲ *Am Ufer der Rivière Saint-Denis, die durch die gleichnamige Hauptstadt von Réunion fließt, trocknen Frauen die Wäsche, die sie zuvor in dem kleinen Fluß gewaschen haben.*

dem Franzosen Jacques Pronis wiederentdeckt wurde. Nachdem Pronis zum Gouverneur von Madagaskar ernannt worden war, ergriff er 1642 offiziell und im Namen des französischen Königs von Réunion Besitz. 1649 erhielt das Territorium den Namen „Île Bourbon".

Nach einem Aufstand von Strafgefangenen in Fort Dauphin auf Madagaskar wurden im Jahr 1654 zwölf Rebellen auf die unbewohnte Insel deportiert und in einer Grotte bei Saint-Paul ihrem Schicksal überlassen. Vier Jahre später entdeckte ein Schiff die Strafgefangenen, die sich bester Gesundheit erfreuten. Dies soll den Gouverneur von Fort Dauphin bewogen haben, die Insel zu besiedeln. 1663 ließen sich zwei Siedler mit einer Gruppe von madagassischen Sklaven auf Réunion nieder. Sie bekamen Unterstützung, als der französische Finanzminister Colbert 1664 die Insel der Verwaltung der Compagnie des Indes (Indische Handelsgesellschaft) unterstellte. Die neuen Ankömmlinge, die unter der Leitung von Étienne Regnault standen, sind die Vorfahren eines Teils der heutigen Inselbevölkerung.

Säulen der Wirtschaft

Kaffee und Zucker

Anfang des 18. Jh. profitierte die Île Bourbon von der in Europa ständig zunehmenden Popularität des Kaffees. Die 1719 von John Law, dem Generalkontrolleur der Finanzen, gegründete zweite Indische Handelsgesellschaft förderte den Anbau von Kaffeepflanzen. Die prosperierende Plantagenwirtschaft, die ab 1735 von François Mahé de la Bourdonnais, dem Generalgouverneur der Maskarenen, unterstützt wurde, führte zu einem gewissen Wohlstand der Bevölkerung. 1767 setzte Ludwig XV. dem Monopol der französischen Compagnie des Indes ein Ende und gliederte die Île Bourbon direkt der Krone an. Pierre Poivre, der neue Verwalter Réunions, führte auf der Insel den Anbau von Gewürzen ein.

1793, während der Französischen Revolution, wurde die Île Bourbon in Réunion umbenannt – zur Erinnerung an die Verbrüderung der Föderierten von Marseille und der französischen Nationalgarde, die am 10. August 1792 den Sturz des Königshauses bewirkt hatten. Im Lauf der nächsten Jahrzehnte wechselte die Insel noch mehrfach den Namen. Unter Napoleon I. hieß sie „Île Bonaparte"; nach der Besetzung durch die Engländer (1810) wurde sie wieder „Bourbon" genannt. So hieß sie auch noch während der Restauration – obwohl die Insel 1815 wieder an Frankreich fiel. Erst nach der Revolution von 1848 erhielt sie wiederum den Namen „Réunion". In diesem Jahr wurde auch die Sklaverei auf der Insel abgeschafft – der Beschluß dazu war allerdings schon 1794 gefallen.

Die Besitzer der Kaffeeplantagen auf der Insel bekamen zunehmend Schwierigkeiten, sich der starken Konkurrenz von den Antillen zu erwehren; die Produktion mußte darüber hinaus wegen einer Krankheit der Kaffeepflanzen begrenzt werden. Die Franzosen sahen im Anbau von Zuckerrohr eine hervorragende Möglichkeit, die schwierige wirtschaftliche Lage der Insel zu stabilisieren. Das in Monokultur angebaute Zuckerrohr ist bis heute die Haupteinnahmequelle der Insel geblieben. Da die Plantagen fast zwei Drittel der bestellbaren Fläche des Landes bedecken, ist die Wirtschaft Réunions den Schwankungen der Weltmarktpreise nahezu schutzlos ausgeliefert. Andere Exportkulturen sind Vanille, Tee, Tabak, Mais und Duftpflanzen. Die großen Hoffnungen, die auf den Anbau von Geranien in der Plaine des Cafres und von Bartgras im Süden der Insel gesetzt wurden, sind durch ägyptische Konkurrenz sowie die stetig zunehmende Verwendung synthetischer Riechstoffe weitgehend enttäuscht worden. Die Insel besitzt keine Bodenschätze. Besondere Anstrengungen gelten seit einigen Jahren dem Aufbau einer Fischfangindustrie.

Die Inselbewohner

Klein-Babylon im Ozean

Am 19. März 1946 wurde Réunion zum französischen Überseedepartement erklärt. Hauptstadt ist das im Norden der Insel gelegene Saint-Denis. In der Stadt, die mit 122 000 Einwohnern fast ein Fünftel der Inselbevölkerung beherbergt, lohnt ein Besuch

▲ *Der über 2600 m hohe Piton de la Fournaise ist der einzige noch aktive Vulkan auf Réunion. Regelmäßig spuckt er Lavaströme aus, ohne jedoch die Bevölkerung, die sich an das Schauspiel gewöhnt hat, sonderlich zu beunruhigen.*

des Museums Léon-Dierx. Die Werke von Renoir, Sisley, Marquet, Monet, Cézanne, Maillol und anderen berühmten Malern, die hier zu besichtigen sind, wurden dem Museum von dem berühmten, in Saint-Denis geborenen Kunsthändler Ambroise Vollard vermacht.

Das bunte Völkermosaik Réunions setzt sich aus den unterschiedlichsten Bevölkerungsgruppen zusammen. Die Nachkommen der ersten Siedler leben größtenteils im Hochland. Zahlreiche Kreolen wohnen in der Umgebung der Zuckerrohrplantagen. *Z'Oreilles* werden die erst in den letzten Jahrzehnten aus Frankreich gekommenen Übersiedler genannt. Darüber hinaus leben auf Réunion Tamilen, die im 19. Jh. aus Madras und Kalkutta kamen, indische Moslems und Chinesen, von denen viele als Feinkosthändler arbeiten. Auffällig ist, daß etwa die Hälfte der Inselbewohner jünger als 20 Jahre ist.

Vulkane, Wiesen, Wasserfälle

Eine Reise ins Inselinnere

Trotz der weitgehenden Entwaldung der Insel bietet Réunion dem Besucher zahlreiche landschaftliche Reize. Im an der Westküste gelegenen Fischerdorf Saint-Leu dröhnen zwei sogenannte *Souffleurs*: Meerwasser wird durch unterirdische Grotten gepreßt und gelangt durch einen Felstrichter an die Oberfläche. Dabei entstehen bis zu 50 m hohe Fontänen – ein einzigartiges Naturschauspiel. Salinen glitzern im Gegenlicht, und lautlos schweben bunte Vögel hinüber zum Vogelfelsen in der Nähe von L'Étang-Salé.

Zu den beeindruckendsten Sehenswürdigkeiten zählt der gewaltige, schon mit Moosen und Flechten bedeckte Lavastrom, der sich vom Piton de la Fournaise durch die Heidekrautfelder hinuntergewälzt hat. Seltsamerweise blieb dabei eine Marienstatue verschont, die in der Nähe des Marktfleckens Bois-Blanc steht. Östlich des Vulkanmassivs strömt die Rivière de l'Est durch eine tiefe Schlucht zum Meer. Die alte Hängebrücke, welche die Schlucht überspannt, war zur Zeit ihrer Errichtung (1885) mit 106 m die längste Hängebrücke der Welt. Nicht weit davon kann man in der kleinen Ortschaft Sainte-Anne eine barocke Kirche besichtigen, die an Gotteshäuser in der Bretagne erinnert.

Den im Inselinneren gelegenen Talkessel von Cilaos erreicht man über eine Straße, die sich von der Küste herauf zwischen Schluchten hindurchschlängelt. Die Landschaft erinnert an alte chinesische Grafiken. Durch Bergwiesen, vorbei an Wasserfällen (der berühmteste darunter ist der „Schleier der Braut"), steigt man bis zum Cirque de Salazie. Nach einem furchtbaren Zyklon im Jahr 1948 siedelten sich zahlreiche Inselbewohner, die an der Küste gelebt hatten, in diesem schützenden Talkessel an. Anstrengend ist der Weg bis zum Cirque de Mafate, der wegen seiner riesigen, trostlosen Gesteinswüste ein nachhaltiges Gefühl von Verlassenheit hervorruft.

◀ *Die Plaine des Sables erinnert an eine Mondlandschaft: Bimsstein, Asche und erstarrte Lavaströme zwischen alten Kraterwänden, auf denen langsam eine karge Vegetation Fuß faßt.*

▲ *In der Bucht von Mahébourg an der Ostküste von Mauritius setzen kleine Inseln grüne Farbtupfer. Ihre Vegetation besteht überwiegend aus* Filaos, *Bäumen mit nadelartigen, weichen Blättern, die an europäische Kiefern erinnern.*

Mauritius

Kristallklare Lagunen, kilometerlange, einsame Strände und großflächige Zuckerrohrplantagen prägen das Bild der idyllischen Maskareneninsel, die einst durch vulkanische Tätigkeit entstand.

Die „süße Perle des Indischen Ozeans", wie der britische Schriftsteller Joseph Conrad (1857–1924) Mauritius nannte, liegt nordöstlich der Maskareneninsel Réunion. In geologischem Aufbau, Form und Größe ähnelt Mauritius seiner Nachbarinsel. Doch während Réunion vor allem durch seine phantastische Berglandschaft beeindruckt, ist Mauritius, das mit einer Fläche von 2040 km² annähernd die Dimensionen des Saarlands erreicht, ein von Meer umgebener Garten Eden mit kilometerlangen Sandstränden und von Korallenbänken umgebenen Lagunen.

Das Relief der Insel ist flach und zerklüftet zugleich. Berggipfel, die kaum über 800 m aufragen, säumen ein großes, nach Norden ansteigendes Zentralplateau, dessen mittlere Höhe bei etwa 600 m liegt. Die höchste Erhebung der Insel ist der Piton de la Rivière Noire (827 m). Er gehört zu einer Kette von Bergen und Felswänden, die im Südwesten beginnt und sich über die Montagne Savane weiter nach Süden erstreckt. Im Westen zeichnet sich die schwarze Pyramide des Rempart (770 m) ab, während sich im Nordwesten der Pieter Both (823 m) und der Pouce (812 m) über das Mokagebirge erheben. Im Osten und Südosten schließlich umrahmen die hohen Hügelketten der Montagnes Bambous mit dem Grand Port und der Montagne du Lion die Stadt Mahébourg und die Bucht von Grand Port.

Das Relief der Insel bedingt deutliche klimatische Unterschiede zwischen den Stränden des Küstenstreifens und den Zucker-

▲ *Im 18. Jh. ließen sich französische Plantagenbesitzer, die ihren Reichtum dem Zuckerrohrhandel verdankten, prächtige Wohngebäude errichten. Zur Ausstattung ihrer „Schlösser" gehörte immer eine großzügig angelegte* Varangue *(Veranda).*

rohrplantagen auf dem Plateau. Es gibt nur zwei Jahreszeiten: eine feucht-warme von November bis April, mit Wirbelstürmen um die Jahreswende, und eine etwas kühlere von Mai bis Oktober. Anfang August werden auf dem Plateau Temperaturen bis zu 20 °C gemessen, im Februar steigt das Thermometer auf etwa 25 °C. An der Küste kann man im Durchschnitt und unabhängig von der Jahreszeit 5–8 Grad hinzurechnen.

Holländer, Franzosen und Briten

Die koloniale Vergangenheit

Das Eiland verdankt seinen Namen den Holländern, die sie am 19. September 1598 in Besitz nahmen und zu Ehren des Statthalters Moritz von Nassau, „Mauritius" nannten. Obwohl bereits im 10. Jh. Araber und Anfang des 16. Jh. der Portugiese Pedro de Mascarenhas die Insel angelaufen hatten, war Mauritius vor der Kolonisation durch die Holländer unbewohnt.

Das Interesse der Holländer richtete sich vor allem auf die Ebenholzwälder, die weite Flächen der Insel bedeckten. Als diese abgeholzt waren, verließen sie die Insel, wo sie – abgesehen von der Naturzerstörung – nur wenige Spuren hinterließen. Zurück blieben einige Javahirsche und das ebenfalls von ihnen eingeführte Zuckerrohr. Durch intensive Jagd waren die Dronten, flugunfähige Vögel, deren Gewicht bis zu 22 kg betragen haben soll, ausgerottet worden.

Im Jahr 1715 nahm Kapitän Dufresne, der im Auftrag der Compagnie des Indes (Indische Handelsgesellschaft) die ersten Kaffeepflanzen zur Île Bourbon (Réunion) transportierte, die Insel im Namen des französischen Königs in Besitz und nannte sie Île de France. Die ersten französischen Siedler kamen sechs Jahre später von der Île Bourbon herüber. Nachdem 1735 Mahé de La Bourdonnais zum Gouverneur der Maskarenen ernannt worden war, wurde die heutige Hauptstadt Port Louis gegründet.

Als Ludwig XV. (1715–1774) das Monopol der Indischen Handelsgesellschaft aufkaufte, nahm die Île de France als Seestützpunkt an Bedeutung zu. Das an der Nordwestküste von Mauritius gelegene Port Louis entwickelte sich zu einem der wichtigsten Handelszentren im Indischen Ozean.

Vier Monate nach der Niederlage eines englischen Geschwaders im August 1810 vor Grand Port rüsteten die Briten (die bereits die Inseln Bourbon und Rodrigues besetzt hatten) eine riesige Flotte aus, um der französischen Herrschaft auf Mauritius ein Ende zu setzen. 70 Schiffe brachten 10 000 Soldaten zum an der Nordspitze der Insel gelegenen Kap Malheureux. Angesichts dieser erdrückenden Übermacht blieb den Franzosen nur die Kapitulation. Im Pariser Vertrag von 1814 bekamen die Franzosen die Île Bourbon zugesprochen, die Engländer behielten jedoch die Seychellen, Rodrigues und die Île de France, die nun ihren früheren Namen Mauritius zurückbekam.

Mauritius wurde zu einer britischen Kronkolonie, auf der jedoch weiterhin das

▲ *Elegante, in Saris gehüllte Mauritierinnen promenieren durch weitläufige Zuckerrohrplantagen. Die indischen Vorfahren dieser Frauen kamen nach Abschaffung der Sklaverei (1835) auf die Paradiesinsel im Indischen Ozean.*

auf dem Französischen basierende Kreolisch gesprochen wurde. Die neue Amtssprache war Englisch, doch bestimmte weiterhin der Code Napoléon die Gesetzgebung.

Unter englischer Herrschaft erlebte die Wirtschaft des Landes einen großen Aufschwung, obwohl Mauritius seine frühere Bedeutung als Seehandelszentrum teilweise einbüßte. Die neuen Herren der Insel verdankten ihren Reichtum vor allem dem Anbau von Zuckerrohr; auf den Plantagen arbeiteten überwiegend afrikanische Sklaven.

Nach der Abschaffung der Sklaverei im Jahr 1835 beschäftigten die Siedler überwiegend Arbeitskräfte aus Indien, die auf der Insel seßhaft wurden. Ihre Nachfahren stellen heute mehr als zwei Drittel der Bevölkerung. Ende des 19. Jh. geriet die Wirtschaft der Insel durch die rapide fallenden Weltmarktpreise für Zucker in eine schwere Krise, an der auch die Öffnung des Sueskanals (1869) ihren Anteil hatte.

Ende der 60er Jahre wurde Mauritius ein unabhängiger Staat innerhalb des Commonwealth; etwa ein Vierteljahrhundert später erfolgte die Umwandlung der Monarchie in eine Republik. Auf der Insel leben gegen-

▲ *Die Riesenseerose* (Victoria regia) *ist die Attraktion des Botanischen Gartens in Pamplemousse. Die Blätter, deren Rand nach oben umgeschlagen ist, sind für ihre erstaunliche Tragfähigkeit bekannt.*

wärtig annähernd 1,1 Mio. Menschen; mit ca. 530 Einw./km² weist sie eine sehr hohe Bevölkerungsdichte auf.

Ein Garten im Meer

Paradies im Indischen Ozean

Das in Monokultur angebaute Zuckerrohr ist nach wie vor der bedeutendste Wirtschaftsfaktor; der Gesamtanteil an den Exportgütern der Insel wurde in den letzten Jahrzehnten jedoch drastisch reduziert und beträgt heute nur noch etwa 60 %. Neue Industrien – zu nennen sind hier vor allem die Textilbranche und die Produktion von Düngemitteln – sollen die Wirtschaft des Landes auf ein solideres Fundament stellen, um der Abhängigkeit von einem Produkt ein Ende zu setzen. Seit einigen Jahren bringt auch der stetig zunehmende Tourismus wertvolle Deviseneinnahmen.

Mauritius wirkt wie ein ruhiger, eleganter Garten inmitten des Meeres. Port Louis, wo heute über 140 000 Menschen leben, besitzt eine kosmopolitische Atmosphäre – orientalische, britische und französische Einflüsse sind überall spürbar. In der Nähe von Port Louis kann man den weiten Rundblick vom Gipfel des Pouce – der leichter zugänglich ist als der Pieter Both – genießen. Die Sicht reicht bis hin zum Kap Malheureux und den Eilanden Coin-de-Mire, Schlangeninsel, Île Plate und Île Ronde.

Um nach Curepipe, der Villenstadt im Hochland, zu fahren, sollte man die malerische Straße zwischen Port Louis und Mahébourg der modernen Autobahn vorziehen. Sie führt unter anderem durch den am Rand einer steilen Schlucht gelegenen Ort Beau-Bassin. Eindrucksvolle Wasserfälle stürzen hier in die Tiefe.

Ein beliebtes Ausflugsziel der Bewohner von Curepipe ist der kleine See Trou aux Cerfs, der in einen erloschenen Krater eingebettet ist. Ebenfalls in der Nähe von Curepipe liegt der Réduitpark, dessen alte Bäume ein ehemaliges Wohngebäude aus der Kolonialzeit umrahmen. Von einem „Ende der Welt“ genannten Vorsprung zwischen zwei Schluchten kann man eine der schönsten Landschaften der Insel überblicken.

Einen Großteil seiner Anziehungskraft verdankt Mauritius seinen scheinbar endlosen, weißen Sandstränden, deren poetische Namen eine eigenartige Faszination ausüben, der sich kaum jemand entziehen kann: Trou d'Eau douce (Süßwasserloch), Poudre d'Or (Goldstaub), Flic-en-Flac, Baie Bleue (Blaue Bucht), Grand-Gaube, Belle-Mare, Pointe aux Canonniers (Landspitze der Kanoniere) oder Trou aux Biches (Rehloch). Die Baie du Cap (Kapbucht) war mit ihrem schwarzen Felsen der ehemalige Zufluchtsort von Seeräubern; Bernardin de Saint-Pierre (1737–1814) träumte in der Bucht von Jacottet davon, den Rest seines Lebens mit der schönen Madame Poivre zu verbringen. Der Schriftsteller weilte zwei Jahre auf Mauritius und ließ sich durch seinen Aufenthalt zu dem berühmten Roman *Paul und Virginie* (1787) anregen. Die Geschichte einer reinen Liebe auf einer paradiesischen Insel verhalf de Saint-Pierre zu literarischem Weltruhm – die Einwohner von Mauritius lesen den Roman noch heute wie ein historisches Dokument.

Auf keinen Fall sollte man Mauritius verlassen, ohne den in aller Welt berühmten Botanischen Garten im kleinen Dorf Pamplemousse besichtigt zu haben. Er zählt zu den schönsten der Erde und bietet eine große Anzahl exotischer Pflanzen: hundertjährige Palmen und prächtige Exemplare der Seerose *Victoria regia*, deren Blätter mehrere Kilogramm Gewicht tragen können.

▲ *Praslin, die mit fast 39 km² zweitgrößte Insel der Seychellen, ist von zahlreichen Eilanden umgeben. Die bizarren Formen der zerklüfteten Granitfelsen entstanden durch Erosion.*

Seychellen

Schroff aus dem Meer emporragende Granitberge, feinsandige Palmenstrände und kühle Regenwälder – die über 100 Seychelleninseln faszinieren durch gegensätzlichste Landschaftsformen voll ursprünglicher Schönheit.

Das Staatsgebiet der bis zu 1100 km nordöstlich von Madagaskar gelegenen Seychellen umfaßt mehr als 100 hauptsächlich unbewohnte Inseln, die über die riesige Fläche von ungefähr 400 000 km² verstreut sind. Die Inselgruppe der Seychellen bildet das Zentrum des gleichnamigen Staates, zu dem darüber hinaus beispielsweise die Amiranten, die Farquharinseln sowie – 300 km von den Komoren entfernt – die Aldabrainseln und das Cosmoledoatoll gehören.

In geologischer Hinsicht haben 31 der insgesamt 32 eigentlichen Seychelleninseln eine Gemeinsamkeit: Mit Ausnahme von Bird Island bestehen sie aus Granit und sind somit Relikte einer ehemaligen Verbindung zwischen Ostafrika und Indien. Die übrigen Inselgruppen werden überwiegend von Korallenatollen gebildet. Die Granitinseln besitzen ein durch die Erosion phantastisch geformtes Relief – unverwechselbares Kennzeichen dieses Urlaubsparadieses. Zur Zeit des Nordwestmonsuns von Dezember bis März erhalten die außerhalb des Zyklongebiets liegenden Seychellen mehr nächtliche Regenfälle als die anderen Inselgruppen.

Mahé, die mit fast 145 km² größte Insel der Seychellen, ist von etwa einem Dutzend kleineren Eilanden umgeben, darunter die Inseln Thérèse, Cerf, Sainte-Anne, Conception, Anonyme, Ronde und – etwas abseits – Silhouette. Im Nordosten von Mahé liegt Praslin, die mit knapp 39 km² zweitgrößte Insel der Seychellengruppe, die mit etwa 15 weiteren Inseln einen Archipel bildet.

▲ *Die Koralleninsel Bird Island ist ein Refugium für zahlreiche Meeresvögel. Zur Brutzeit versammeln sich hier Millionen von Seeschwalben.*

Die meisten dieser Inseln sind bereits auf den arabischen Weltkarten des 14. Jh. und auf den portugiesischen Portulankarten verzeichnet. Die „offizielle Entdeckung" der Inseln um das Jahr 1500 wird jedoch Vasco da Gama zugeschrieben. Anfang des 17. Jh. unternahmen Angehörige der Ostindischen Kompanie eine Expedition zu den damals noch unbewohnten Inseln. Trotz der Begeisterung der Briten für die zahlreichen Naturschönheiten nahmen sie die Seychellen nicht in ihren Besitz.

Im Auftrag des Gouverneurs der Maskarenen erkundete Leutnant Lazare Picault im Jahr 1742 die Inselgruppe. Am 19. November jenes Jahres landete er auf einer Insel, die er erst „Abondance" und nach einer weiteren Expedition im Jahr 1744 „Mahé" taufte. Zwölf Jahre später begann sich die Compagnie des Indes für die Inseln zu interessieren. Kapitän Corneille Morphey wurde damit beauftragt, im Namen des französischen Königs von Mahé und dem umliegenden Archipel Besitz zu ergreifen. Die Inselgruppe Moreau de Séchelles wurde nach dem ehemaligen französischen Finanzminister benannt.

Bis zur Gründung von französischen Niederlassungen im 18. Jh. dienten einige der abseits der allgemein bekannten Schifffahrtswege gelegenen Seychellen als idealer Unterschlupf für Piraten – der berüchtigte La Buse soll auf einem der Eilande einen Schatz versteckt haben. 1789, im Jahr des Beginns der Französischen Revolution, lebten auf den Seychellen ungefähr 500 Menschen. Diese ersten Siedler waren zum großen Teil von den Inseln Île de Bourbon (Réunion) und Île de France (Mauritius) gekommen. Etwa ein Fünftel der damaligen Bevölkerung wurde von Franzosen gestellt, die übrigen Inselbewohner waren afrikanische Sklaven.

Ende des 18. Jh. regierte Gouverneur Quéau de Quincy über die Seychellen, für die sich inzwischen auch die Engländer interessierten. Nach heftigen Seegefechten fielen die Inseln 1810 an die Briten, die 1814 durch den Vertrag von Paris als offizielle Herrscher über die Seychellen anerkannt wurden.

1903 wurde die Inselgruppe eine selbständige britische Kronkolonie, und 73 Jahre später erlangte sie nach Jahrzehnten weitgehender Autonomie die Unabhängigkeit. Die präsidiale Republik, in der heute etwas weniger als 70 000 Menschen leben, ist jedoch nach wie vor Teil des Commonwealth of Nations.

Vielfalt der Inselwelt

Ein Paradies auf Erden

Mahé, die größte Insel der Seychellen, beherbergt mit fast 60 000 Einwohnern etwa 90 % der Gesamtbevölkerung der Inselgruppe. Auf den grünen Hügeln von Mahé, das den Besucher mit einem Hauch von Vanille und Zimt empfängt, stehen Bungalows und kleine Fischerhäuser. Die Insel besitzt von Felsen umgebene Buchten mit weißem Sand und klare Gewässer, die von Schwärmen farbenprächtiger Tropenfische bevölkert sind. Victoria, die im Norden von Mahé gelegene Hauptstadt der Seychellen, hat durch den vor einigen Jahren fertiggestellten Flughafen einen touristischen Aufschwung erlebt. Bedeutendste Sehenswürdigkeiten sind der Clock Tower, der wie eine etwas klein ausgefallene Imitation von Big Ben erscheint, und der Botanische Garten mit einer Vielzahl tropischer Pflanzen.

Auch die Inseln, die Mahé umgeben, bieten zahlreiche landschaftliche Schönheiten: den langen, einsamen Strand von Thérèse und den wunderbaren Meeresgrund rund um die gegenüber den grünen, waldbedeckten Hängen von Sainte-Anne gelegenen Inseln Ronde, Moyenne und Longue. Die drittgrößte Seychelleninsel, das etwa 21 km² große Silhouette, verdankt ihren Namen Etienne de Silhouette, der im Jahr 1767 Finanzkontrolleur der Île de France war. Das Inselinnere mit seiner ursprünglichen Vegetation, Wasserfällen und schroff abfallenden Schluchten ist noch weitgehend unerschlossen.

Die Insel Praslin, auf der etwa 5000 Menschen leben, besitzt als größte Attraktion den Nationalpark Vallée de Mai mit einem Urwald von Palmen, Moosen, Lianen und Orchideen. In dem Park, der den Eindruck eines warmen und feuchten Gewächshauses vermittelt, wächst eine der merkwürdigsten Pflanzen der Welt, die berühmte Seychellennußpalme. Die Früchte dieser auch „Coco de Mer" genannten Palme sind Doppelkokosnüsse, die bis zu einem halben Zentner schwer werden können. Schon lange vor der Entdeckung der Seychellen waren sie in Afrika wohlbekannt, da die riesigen Nüsse hin und wieder an der Küste des Schwarzen Kontinents angeschwemmt wurden. Die Herkunft der wegen ihrer angeblich aphrodisischen Eigenschaften sehr geschätzten Früchte konnte man sich jedoch nicht erklären.

Nicht weit von Praslin liegt die Île de la Digue, die ihr ursprüngliches Aussehen bewahren konnte. Hier gibt es keine Autos; Ochsenkarren und einige Fahrräder lassen sie dem gestreßten Großstädter als Paradies auf Erden erscheinen.

Die südwestlich von Praslin gelegenen Inseln Cousin und Cousine sind Nistplätze von Tausenden seltener Seevögel. Unter der Leitung eines vogelkundigen Wächters kann man Tagesausflüge unternehmen und neben Feenseeschwalben und Sturmtauchern zahllose Tropikvögel beobachten.

Die anderen Inselgruppen der Seychellen sind touristisch kaum erschlossen. Allein einige Segelboote und kleine Schiffe, die Kopra befördern, verbinden die Amiranten, die Farquhar- und die Aldabrainseln mit unserer modernen, hektischen Welt.

▲ *Die wiederholten Ausbrüche des 2361 m hohen Kortala, eines der größten noch aktiven Vulkane der Welt, haben Teile der Küste von Njazidja (Grande Comore) mit Strömen inzwischen erkalteter Lava bedeckt.*

Komoren

Drei der „Kleinen Mondinseln" in der Straße von Mosambik bilden die Islamische Bundesrepublik der Komoren. Christen stellen die Bevölkerungsmehrheit auf Mayotte, der vierten Hauptinsel des Archipels, das seit über 150 Jahren unter französischer Herrschaft steht.

Die Komoren umfassen eine Reihe kleinerer Eilande und vier Hauptinseln, die wie Wachtposten im Norden der Straße von Mosambik die Passage zwischen Afrika und Madagaskar bewachen. Das ungefähr 250000 Einwohner zählende Städtchen Njazidja (Grande Comore) besitzt mit 1148 km² die größte Fläche und ist damit größer als die anderen drei zusammen. Mit 495 Einw./km² hat Nzwani (Anjouan) die höchste Bevölkerungsdichte. Mayotte (Maore) ist die östlichste der Komoreninseln, und Mwali (Mohéli) schließlich ist mit 290 km² die kleinste von ihnen.

Alle vier Eilande sind vulkanischen Ursprungs. Auf Njazidja erhebt sich der etwa 2361 m hohe Kortala, einer der größten noch aktiven Vulkane der Welt, dessen gigantischer Krater – sein Durchmesser beträgt immerhin 3000 m – meist in dichten Wolken liegt.

Schon lange bevor die Portugiesen den Archipel Anfang des 16. Jh. für Europa „entdeckten", hatten die Araber ihm den Namen „Kleine Mondinseln" gegeben. Nach der Überlieferung sollen die ersten Einwanderer von der afrikanischen Küste gekommen sein. Sie wurden schon sehr früh – wahrscheinlich bereits im 12. Jh. – von Flüchtlingen, die aus Persien stammten (den Schirasi), und von Arabern aus dem Hedschas zum Islam bekehrt.

Arabisch-islamischer Einfluß prägte die Komoren auch noch Mitte des 19. Jh., als Mayotte im Jahr 1841 mit einigen umliegenden Eilanden französischer Besitz wurde.

Von Mayotte dehnte sich der französische Einflußbereich allmählich auf die anderen Inseln aus. 1886/87 kamen Mohéli, Anjouan und Grande Comore unter französisches Protektorat. 26 Jahre später schließlich betrachtete Frankreich die Komoren bereits als Kolonie und unterstellte sie 1914 dem Gouverneur von Madagaskar.

1946 erhielt die Inselgruppe den Status eines französischen Überseeterritoriums, und 15 Jahre später wurde ihr beschränkte innere Autonomie zugebilligt. 1974 kam es zu einer Volksabstimmung über die Unabhängigkeit der Komoren. Die Befürworter der Eigenstaatlichkeit konnten für sich eine überwältigende Mehrheit verzeichnen; die Bevölkerung von Mayotte sprach sich allerdings bei einem im Jahr 1976 durchgeführten Referendum nahezu einstimmig für den Verbleib bei Frankreich aus.

Seit 1978 wird die Islamische Bundesrepublik der Komoren nach einem Präsidialsystem regiert. Da auf den drei Inseln nur die Komorische Fortschrittsunion als Partei zugelassen ist, müssen die Oppositionsgruppen ihren politischen Widerstand überwiegend im Ausland organisieren. Im Verlauf der letzten 15 Jahre gab es zahlreiche Umsturzversuche.

▲ *Die Große Moschee von Moroni wurde direkt am Meer errichtet. Mit ihrem weißen Anstrich aus Korallenkalk hebt sie sich von ihren Nachbargebäuden ab, die – wie fast die ganze Hauptstadt von Njazidja – aus Lavagestein erbaut wurden.*

Sandstrände, Lavaströme, Kokospalmen

Eine abwechslungsreiche Landschaft

Die Komoreninseln weisen erstaunlicherweise nur wenige Ähnlichkeiten auf; alle vier sind jedoch den warmen Regenfällen und den Monsunzyklonen zwischen Dezember und März ausgesetzt. Njazidja ist ein etwa 60 km langer und 20 km breiter Landstreifen, dessen gekrümmte Form an einen Bumerang erinnert. Die Bevölkerung der Insel, auf der es keine Flüsse gibt, siedelt fast ausschließlich entlang der langen Sandstrände, an der von Lavaströmen stellenweise stark zerklüfteten Küste oder an den Hängen unterhalb von 600 m. Neben der Duftpflanze Ylang-Ylang werden hier als wichtigste landwirtschaftliche Erzeugnisse Vanille, Kopra und Zimt angebaut.

Die Hauptstadt Moroni hat arabisches Flair; unmittelbar am Meeresufer erhebt sich eine weißgetünchte Moschee, die aus Lavagestein erbaut wurde. Doch birgt Njazidja noch andere Sehenswürdigkeiten, wie beispielsweise eine Süßwasserquelle, die in der Nähe des antiken Palasts von Iconi, der ältesten Stadt der Insel, aus schwarzen Lavamassen entspringt. Sehenswert sind auch Mauern der Festung von Itsandra, der früheren Hauptstadt und königlichen Nekropole. Vom „Loch des Propheten" und von Mitsamiouli, dem kleinen Fischerdorf im äußersten Norden der Insel, fährt man an der Ostküste entlang durch die von einer hohen, zerklüfteten Bergkette beherrschte Landschaft bis nach Foumbouni. Dieser frühere Handelsplatz und ehemalige Sitz eines Sultans an der Südspitze besitzt ein altes Stadttor und einen Brunnen.

Im Süden von Njazidja liegt Mwali, eine kleine grüne Insel mit etwa 30 000 Einwohnern. Zu den Hauptsehenswürdigkeiten der Insel zählen die weißen, pyramidenähnlichen Grabstätten der Schirasi. Inmitten von Kokospalmen und bestellten Feldern macht die Hauptstadt Fomboni, in der 4500 Menschen leben, den Eindruck eines etwas zu groß geratenen Marktfleckens. Die einzige größere Straße verläuft entlang der Nordküste, bevor sie auf der Höhe von Wanani und dem Djandroplateau landeinwärts zur Südküste führt. Wild wuchernde Tropenvegetation umgibt hier den einsamen, idyllischen Ankerplatz Nioumachoua mit seinen verstreuten Inselchen.

Auf etwa demselben Breitengrad, doch weiter östlich, liegt Nzwani, die „Perle der Komoren". Die vieleckige Insel wird vom 1595 m hohen Mount N'Tingui überragt, dessen Flanken von dichten Regenwäldern bedeckt werden. Ein Teil der Insulaner, die Makoa, stammt ursprünglich aus Mosambik; die meisten Bewohner des Hochlandes sind jedoch Walatsa – ein Stamm melanesisch-indonesischer Herkunft.

Die Hauptstadt der Insel ist das im Norden gelegene Mutsamudu. Der Ort, der von einer Festung beherrscht wird, ist mit seinem Labyrinth enger Straßen und den weißen Terrassen die wohl malerischste Stadt der Inselgruppe.

An der Ostküste liegt Domoni, die ehemalige Hauptstadt von Nzwani. An die Vergangenheit des kleinen Ortes, der ungefähr 4200 Einwohner beherbergt, erinnern der alte Palast mit seinen schmalen Fenstern, eine Moschee aus dem 12./13. Jh. und das alte Stadttor. Bei Domoni wurden 1952 einige Dutzend Quastenflosser gefangen. Dieses Tier, das den Zoologen als Bindeglied zwischen Fischen und Amphibien gilt, hielt man für längst ausgestorben, bis Mitte des 20. Jh. vor der südafrikanischen Küste ein Exemplar dieses Urtiers entdeckt wurde.

Mayotte, die vierte der Komoreninseln, entschied sich im Jahr 1976 aus zwei Gründen für die Beibehaltung ihres Status als französisches Überseedepartement. Einerseits gehörte Mayotte über 40 Jahre länger als die drei islamischen Komoreninseln zur französischen Einflußsphäre, andererseits besteht eine traditionelle Feindschaft zu der Bevölkerung der Inseln Nzwani und Njazidja. Die ungefähr 75 000 Einwohner von Mayotte, die sich überwiegend zum christlichen Glauben bekennen, sind zum größten Teil Nachfahren der Sakalava und sprechen einen madagassischen Dialekt.

Mayotte ist ein kleiner Archipel, der zwei Inseln und 16 Eilande umfaßt, die von einem Gürtel aus Korallen umgeben sind. Die größte der Inseln erinnert mit etwas Phantasie an ein auf dem Kopf stehendes Seepferd; hier liegt die Hauptstadt Mamoudzou. Die Seele von Mayotte ist jedoch die kleine Insel Dzaoudzi (2 ha), die über einen Deich mit der Insel Pamanzi verbunden ist. Dzaoudzi war Verwaltungssitz der gesamten Komoren, bis dieser schließlich als Resultat der Auseinanderentwicklung der Inseln nach Moroni verlegt wurde.

Karten, Fakten, Zahlen

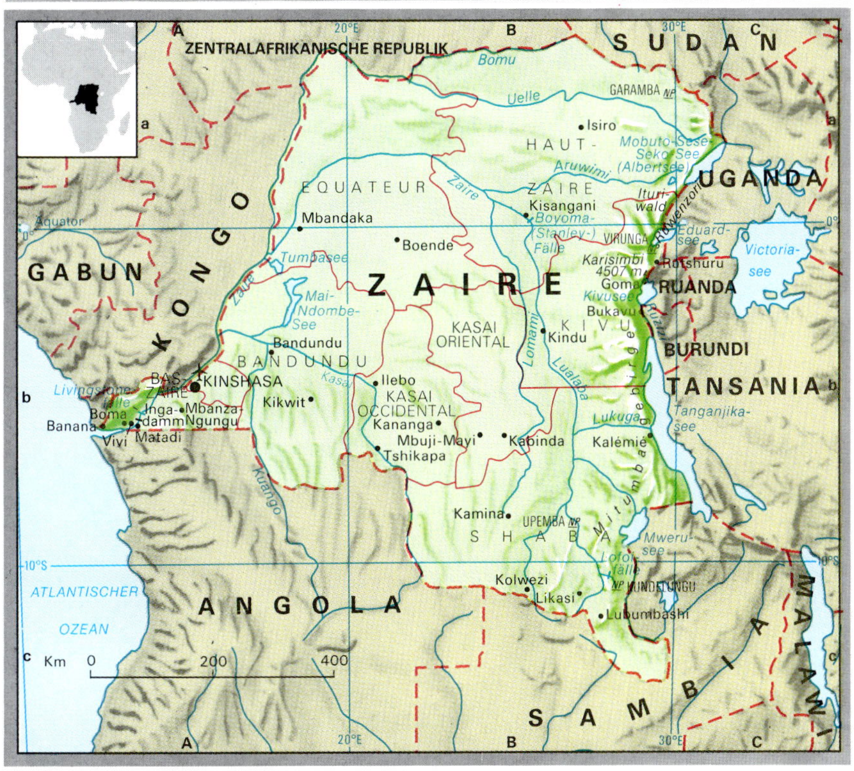

Äthiopien

Fläche: 1 097 900 km²
Einwohner: 49,4 Mio.
Hauptstadt: Addis Abeba, 1,41 Mio. Einw.
Bedeutende andere Städte: Dire Dawa, 98 000 Einw.
Staatsform: Demokratische Volksrepublik
Währung: 1 Birr = 100 Cents
Bevölkerung: Galla, Amharen, Tigre
Sprache: Amharisch (Amtssprache)
Religion: Christen (52 %), Moslems (31 %), Anhänger von Naturreligionen
Klima: Tropisches Hochlandklima mit sommerlicher Regenzeit, in Ogaden ganzjährig trocken. Durchschn. Temp. in Addis Abeba im März 18 °C, im August 15 °C
Bodenschätze: Gold
Hauptexportgüter: Kaffee, Häute, Felle
Pro-Kopf-Einkommen ($ im Jahr): 120
Bevölkerungswachstum (% im Jahr): 3,1
Lebenserwartung: Männer 43, Frauen 46

Eritrea

Fläche: 124 000 km²
Einwohner: 3,5 Mio.
Hauptstadt: Asmara, 350 000 Einw.
Staatsform: Republik
Währung: 1 Birr = 100 Cents
Bevölkerung: Afar, Minderheiten
Sprache: Arabisch, Tigrinya (Amtssprachen), Stammessprachen
Religion: Christen (50 %), Moslems (50 %)
Klima: in der Küstenebene heiß und schwül; im Bergland kühler mit kurzer Regenzeit zwischen Mai und August
Bodenschätze: Gold, Salz
Hauptexportgüter: Kaffee, Tabak, Salz

Dschibuti

Fläche: 23 200 km²
Einwohner: 452 000
Hauptstadt: Dschibuti, Stadt 65 000 Einw., Ballungsgebiet 220 000 Einw.
Bedeutende andere Städte: Dikhil, 30 000 Einw.
Staatsform: Präsidialrepublik
Währung: 1 Dschibuti-Franc = 100 Centimes
Bevölkerung: Issa (47 %), Afar (37 %), Europäer, Araber, Minderheiten
Sprache: Französisch, Arabisch
Religion: Moslems, christliche Minderheit
Klima: Wüstenklima mit hoher Luftfeuchtigkeit. Durchschn. Temp. im Januar 26 °C, im Juli 36 °C
Hauptexportgüter: Häute, Felle, Kaffee
Pro-Kopf-Einkommen ($ im Jahr): 748
Bevölkerungswachstum (% im Jahr): 3,4
Lebenserwartung: Männer 46, Frauen 49

Zaire

Fläche: 2,35 Mio. km²
Einwohner: 38,6 Mio.
Hauptstadt: Kinshasa, Stadt 3,74 Mio. Einw., Ballungsgebiet 8,76 Mio. Einw.
Bedeutende andere Städte: Lubumbashi, 543 000 Einw.; Mbuji-Mayi, 423 000 Einw.
Staatsform: Präsidialrepublik
Währung: 1 Zaire = 100 Makuta
Bevölkerung: Zairer; vor allem Bantu
Sprache: Französisch (Amtssprache); afrikanische Sprachen
Religion: Christen (71 %), Naturreligionen, Moslems
Klima: Tropisch-immerfeucht im Landesinnern, sonst wechselfeucht mit Trockenzeiten im Jan./Feb. und Juni bis Aug. Durchschn. Temp. in Kinshasa im Feb. 27 °C, im Juli 22 °C
Bodenschätze: Erdöl, Diamanten, Kupfer, Kobalt, Zink, Mangan, Silber, Gold
Hauptexportgüter: Kupfer, Diamanten, Erdöl, Kobalt, Kaffee, Kakao, Palmöl
Pro-Kopf-Einkommen ($ im Jahr): 230
Bevölkerungswachstum (% im Jahr): 2,7
Lebenserwartung: Männer 50, Frauen 54

Tansania

Fläche: 945 087 km²
Einwohner: 25,27 Mio.
Hauptstadt: Dodoma (offizielle Hauptstadt), 204 000 Einw.
Bedeutende andere Städte: Daressalam, 1,36 Mio. Einw.; Musoma, 220 000 Einw.; Mwanza, 170 000 Einw.
Staatsform: Präsidiale Bundesrepublik
Währung: 1 Tansania-Shilling = 100 Cents
Bevölkerung: Tansanier; 50–60 %, Bantugruppen, Minderheiten
Sprache: Swahili (Amtssprache); Englisch, Bantusprachen

Religion: Moslems (31 %), Christen (30 %), Naturreligionen, Hindus
Klima: Tropisch-wechselfeucht, überwiegend Hochlandklima. Durchschn. Temp. in Daressalam im Jan. 28 °C, im Juli 24 °C
Bodenschätze: Diamanten, Gold
Hauptexportgüter: Kaffee, Baumwolle, Sisal, Gewürznelken, Tee, Diamanten
Pro-Kopf-Einkommen ($ im Jahr): 120
Bevölkerungswachstum (% im Jahr): 3,3
Lebenserwartung: Männer 51, Frauen 55

Burundi

Fläche: 27 834 km²
Einwohner: 5,7 Mio.
Hauptstadt: Bujumbura, 215 000 Einw.
Bedeutende andere Städte: Gitega, 95 000 Einw.
Staatsform: Präsidiale Republik
Währung: 1 Burundi-Franc = 100 Centimes
Bevölkerung: Burundier, Minderheiten
Sprache: Kirundi, Französisch
Religion: Christen (79,5 %), Stammesreligionen (13,5 %), religiöse Sekten
Klima: Äquatoriales Tropenklima. Durchschn. Temp. in Bujumbura ganzjährig 23–25 °C
Bodenschätze: Nickel, Uran, Kobalt
Hauptexportgüter: Kaffee, Baumwolle
Pro-Kopf-Einkommen ($ im Jahr): 210
Bevölkerungswachstum (% im Jahr): 2,9
Lebenserwartung: Männer 46, Frauen 49

Angola

Fläche: 1 246 700 km²
Einwohner: 9,46 Mio.
Hauptstadt: Luanda, 1,13 Mio. Einw.
Bedeutende andere Städte: Huambo, 203 000 Einw.; Benguela, 155 000 Einw.
Staatsform: Volksrepublik
Währung: 1 Neuer Kwanza = 100 Lwei
Bevölkerung: Angolaner, Minderheiten
Sprache: Portugiesisch (Amtssprache), verschiedene Bantusprachen
Religion: Christen (61 %), Animisten
Klima: Tropenklima mit Regen- und Trockenzeit. Durchschn. Jahrestemp. in

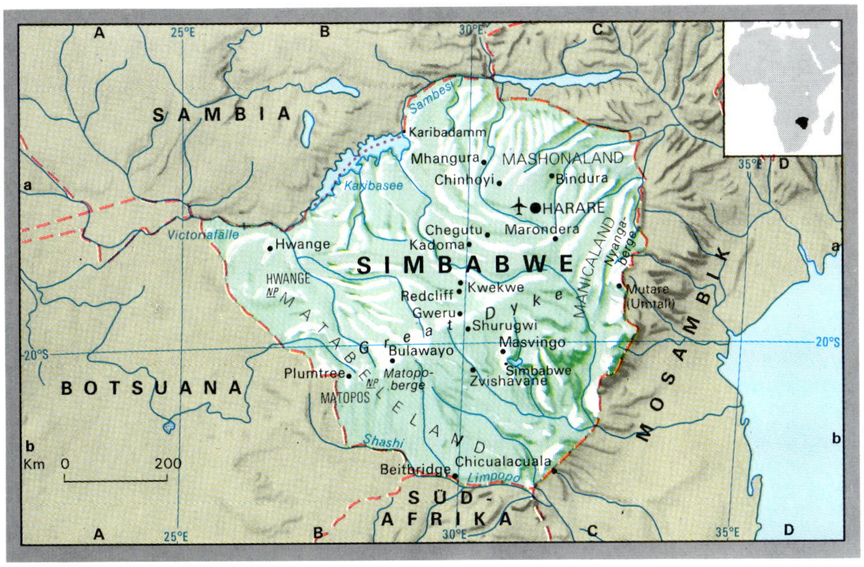

Luanda 23,9 °C
Bodenschätze: Erdöl, Erdgas, Diamanten, Eisenerz
Hauptexportgüter: Erdöl, Diamanten
Pro-Kopf-Einkommen ($ im Jahr): 620
Bevölkerungswachstum (% im Jahr): 2,8
Lebenserwartung: Männer 43, Frauen 46

Ruanda

Fläche: 26 338 km²
Einwohner: 6,75 Mio.
Hauptstadt: Kigali, 155 000 Einw.
Bedeutende andere Städte: Butare, 25 000 Einw.; Ruhengeri, 16 000 Einw.
Staatsform: Präsidiale Republik
Währung: 1 Ruanda-Franc = 100 Centimes
Bevölkerung: Ruander, Minderheiten
Sprache: Kinyarwanda, Französisch (Amtssprache); Swahili
Religion: Christen (68 %), Stammesreligionen (23 %), Moslems (9 %)
Klima: Tropisches Höhenklima mit zwei Hauptregenzeiten. Durchschn. Jahrestemp. in Kigali 19 °C

Bodenschätze: Wolfram, Zinn
Hauptexportgüter: Kaffee, Tee, Zinn, Wolfran, Baumwolle
Pro-Kopf-Einkommen ($ im Jahr): 310
Bevölkerungswachstum (% im Jahr): 3,3
Lebenserwartung: Männer 46, Frauen 49

Somalia

Fläche: 637 657 km²
Einwohner: 8,05 Mio.
Hauptstadt: Mogadischu, 600 000 Einw.
Bedeutende andere Städte: Hargeisa, 70 000 Einw.; Kisimayjo, 70 000 Einw.
Staatsform: Republik
Währung: 1 Somalia-Schilling = 100 Centesimi
Bevölkerung: Somalier, Minderheiten
Sprache: Somali; Arabisch, Englisch, Italienisch (Handelssprachen)
Religion: Islam
Klima: Tropisch-trocken. Durchschn. Temp. in Mogadischu ganzjährig um 27 °C
Hauptexportgüter: Vieh, Häute, Myrrhe
Pro-Kopf-Einkommen ($ im Jahr): 150
Bevölkerungswachstum (% im Jahr): 3,1

Lebenserwartung: Männer 43, Frauen 47

Botsuana

Fläche: 581 730 km²
Einwohner: 1,32 Mio.
Hauptstadt: Gaborone, 138 300 Einw.
Bedeutende andere Städte: Francistown, 59 000 Einw.; Selebi-Phikwe, 55 400 Einw.; Serowe, 46 600 Einw.
Staatsform: Parlamentarische Republik
Währung: 1 Pula = 100 Thebe
Bevölkerung: Botsuaner, Minderheiten
Sprache: Englisch (Amtssprache), Setsuna und andere Bantudialekte
Religion: Christen, Stammesreligionen
Klima: Tropisch-wechselfeucht mit ausgeprägter Trockenzeit von Mai bis Oktober. Durchschn. Temp. in Maun im Nov. 26,4 °C, im Juli 15,3 °C
Bodenschätze: Diamanten, Kupfer, Nickel, Gold, Mangan, Steinkohle
Hauptexportgüter: Diamanten, Nickel, Kupfer, Steinkohle, Schlachtvieh
Pro-Kopf-Einkommen ($ im Jahr): 2040

Bevölkerungswachstum (% im Jahr): 3,7
Lebenserwartung: Männer 53, Frauen 60

Simbabwe

Fläche: 390 580 km²
Einwohner: 10,4 Mio.
Hauptstadt: Harare, 1 Mio. Einw.
Bedeutende andere Städte: Bulawayo, 480 000 Einw.; Chitungwiza, 450 000 Einw.
Staatsform: Parlamentarische Republik
Währung: 1 Simbabwe-Dollar = 100 Cents
Bevölkerung: Simbabwer, Minderheiten
Sprache: Englisch (Amtssprache), Bantusprachen
Religion: Christen (55 %), Naturreligionen, Moslems, Hindus
Klima: Tropisch-wechselfeucht, überwiegend Hochlandklima. Durchschn. Temp. in Harare im Okt. 21,5 °C, im Juli 13,6 °C
Bodenschätze: Gold, Nickel, Chrom, Kupfer, Kobalt, Asbest, Kohle
Hauptexportgüter: Tabak, Baumwolle, Mais, Zucker, Erze
Pro-Kopf-Einkommen ($ im Jahr): 640
Bevölkerungswachstum (% im Jahr): 3,7
Lebenserwartung: Männer 57, Frauen 60

Malawi

Fläche: 118 484 km²
Einwohner: 8,8 Mio.
Hauptstadt: Lilongwe, 234 000 Einw.
Staatsform: Präsidiale Republik
Währung: 1 Malawi-Kwacha = 100 Tambala
Bevölkerung: Malawier, Minderheiten
Sprache: Englisch (Amtssprache); Bantusprachen
Religion: Naturreligionen (43 %), Christen (42 %), Moslems (15 %)
Klima: Tropisch-wechselfeucht mit ausgeprägter sommerlicher Regenzeit. Durchschn. Temp. in Lilongwe im Dez. 23 °C, im Juli 16 °C
Hauptexportgüter: Tabak, Tee, Zucker
Pro-Kopf-Einkommen ($ im Jahr): 200
Bevölkerungswachstum (% im Jahr): 3,2
Lebenserwartung: Männer 44, Frauen 47

Uganda

Fläche: 235 880 km²
Einwohner: 16,6 Mio.
Hauptstadt: Kampala, 650 800 Einw.
Staatsform: Präsidiale Republik
Währung: 1 Uganda-Shilling = 100 Cents
Bevölkerung: Ugander, Minderheiten
Sprache: Englisch, Swahili, Ganda u. a. afrikanische Sprachen
Religion: Christen (70 %), Moslems (6 %), Naturreligionen
Klima: Tropisch-wechselfeucht mit Hoch-

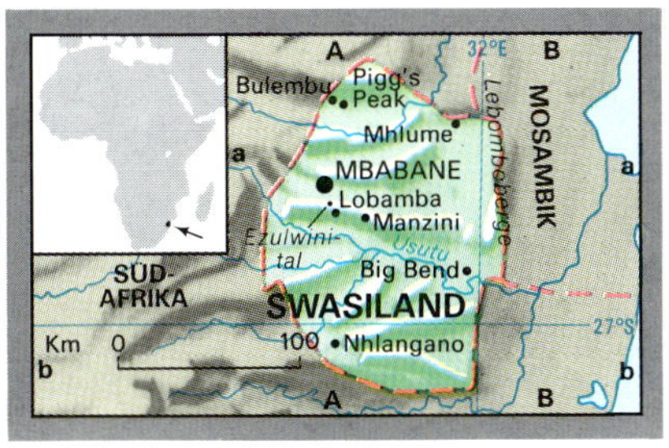

landcharakter. Durchschn. Jahrestemp. in Entebbe um 21 °C
Bodenschätze: Kupfer, Kobalt, Wolfram
Hauptexportgüter: Kaffee, Baumwolle, Tee, Kupfer
Pro-Kopf-Einkommen ($ im Jahr): 220
Bevölkerungswachstum (% im Jahr): 3,6
Lebenserwartung: Männer 49, Frauen 53

Südafrika

Fläche: 1 322 052 km²
Einwohner: 38,9 Mio.
Hauptstadt: Pretoria, 820 000 Einw.
Bedeutende andere Städte: Kapstadt, 1,91 Mio. Einw.; Johannesburg, 1,61 Mio. Einw.
Staatsform: Republik
Währung: 1 Rand = 100 Cents
Bevölkerung: Südafrikaner, Minderheiten
Sprache: Afrikaans, Englisch (Amtssprache), afrikanische und indische Sprachen
Religion: Christen (78 %), Stammesreligionen (11 %), Hindus, Moslems
Klima: Subtropisch mit langer Trockenzeit im Südwinter, an der Ostküste ganzjährig feucht, im Kapland mildes Winterregenklima. Durchschn. Temp. in Kapstadt im Feb. 21,5 °C, im Juli 12,6 °C
Bodenschätze: Gold, Diamanten, Chrom
Hauptexportgüter: Gold, Diamanten
Pro-Kopf-Einkommen ($ im Jahr): 2520
Bevölkerungswachstum (% im Jahr): 2,5
Lebenserwartung: Männer 58, Frauen 63

Lesotho

Fläche: 30 355 km²
Einwohner: 1,82 Mio.
Hauptstadt: Maseru, 109 000 Einw.
Staatsform: Parlamentarische Monarchie
Währung: 1 Loti = 100 Lisente
Bevölkerung: Lesother, Minderheiten
Sprache: Sesotho, Englisch
Religion: Christen (90 %), Stammesreligionen, Moslems
Klima: Subtropisches Höhenklima. Durchschn. Temp. im Jan. 16,6 °C, im Juli 4,5 °C
Bodenschätze: Diamanten
Hauptexportgüter: Diamanten, Wolle

Pro-Kopf-Einkommen ($ im Jahr): 470
Bevölkerungswachstum (% im Jahr): 2,7
Lebenserwartung: Männer 52, Frauen 61

Swasiland

Fläche: 17 364 km²
Einwohner: 828 000
Hauptstadt: Mbabane, 38 000 Einw.
Bedeutende andere Städte: Manzini,

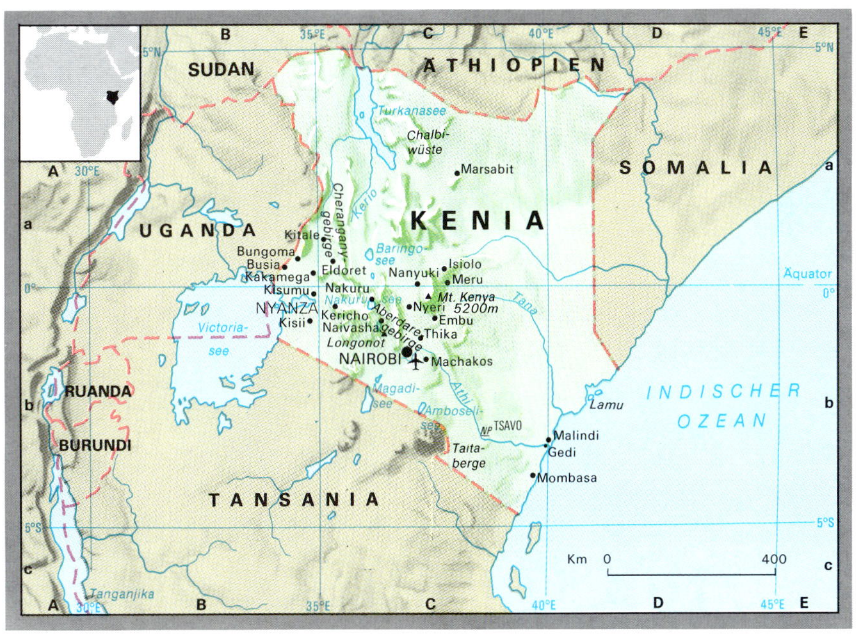

19 000 Einw.
Staatsform: Absolute Monarchie
Währung: 1 Lilangeni = 100 Cents
Bevölkerung: Swasiländer, Minderheiten
Sprache: Siswati, Englisch
Religion: Christen (75 %), Stammesreligionen
Klima: Subtropisch mit kurzer Trockenzeit

im Südwinter. Durchschn. Temp. in Mbabane im Jan. 20 °C, im Juli 12 °C
Bodenschätze: Asbest, Diamanten, Kohle
Hauptexportgüter: Zucker, Fleisch, Holz
Pro-Kopf-Einkommen ($ im Jahr): 820
Bevölkerungswachstum (% im Jahr): 3,5
Lebenserwartung: Männer 43, Frauen 50

Madagaskar

Fläche: 587 041 km²
Einwohner: 12,0 Mio.
Hauptstadt: Antananarivo, 1,1 Mio. Einw.

Bedeutende andere Städte: Toamasina, 83 000 Einw.; Flanar, 73 000 Einw.; Majunga, 71 000 Einw.; Toliary, 49 000 Einw.
Staatsform: Demokratische Republik
Währung: 1 Madagaskar-Franc = 100 Centimes
Bevölkerung: Madagassen, Minderheiten
Sprache: Malagasy, Französisch
Religion: Naturreligionen (50 %), Christen (43 %), Moslems
Klima: Tropisch-wechselfeucht. Durchschn. Temp. in Antananarivo im Feb. 20 °C, im Juli 13,3 °C
Bodenschätze: Graphit, Chromerz, Erdöl, Bauxit, Eisenerz
Hauptexportgüter: Kaffee, Gewürznelken, Vanille
Pro-Kopf-Einkommen ($ im Jahr): 230
Bevölkerungswachstum (% im Jahr): 3,8
Lebenserwartung: Männer 52, Frauen 55

Namibia

Fläche: 824 292 km²
Einwohner: 1,4 Mio.
Hauptstadt: Windhuk, 114 500 Einw.
Staatsform: Republik
Währung: Südafrikan. Rand = 100 Cents
Bevölkerung: Vorwiegend Bantuvölker
Sprache: Afrikaans, Englisch (Amtssprache); Deutsch, Stammessprachen
Religion: Christen (90 %), Naturreligionen
Klima: Subtropisch-trocken. Im Hochland nach Norden hin zunehmende Niederschläge. Durchschn. Temp. in Windhuk im Jan. 23,4 °C, im Juli 13,2 °C
Bodenschätze: Diamanten, Uran, Blei, Zink, Silber, Gold, Wolfram
Hauptexportgüter: Diamanten, Erze, Persianerfelle, Schafwolle
Pro-Kopf-Einkommen ($ im Jahr): 1060
Bevölkerungswachstum (% im Jahr): 3,1
Lebenserwartung: Männer 55, Frauen 58

Kenia

Fläche: 580 367 km²
Einwohner: 27 Mio.
Hauptstadt: Nairobi, 1,16 Mio. Einw.
Bedeutende andere Städte: Mombasa, 442 400 Einw.; Kisumu, 153 000 Einw.
Staatsform: Präsidiale Republik
Währung: 1 Kenia-Schilling = 100 Cents
Bevölkerung: Kenianer
Sprache: Swahili (Amtssprache), Englisch, afrikanische Umgangssprachen
Religion: Christen (34 %), Stammesreligionen, Moslems
Klima: Tropisch-wechselfeucht mit zwei Regenzeiten; nach Norden hin trocken. Durchschn. Temp. in Mombasa im

Feb. 28 °C, im Juli 24 °C
Hauptexportgüter: Kaffee, Tee, Sisal, Mineralölprodukte, Ananas
Pro-Kopf-Einkommen ($ im Jahr): 370
Bevölkerungswachstum (% im Jahr): 3,8
Lebenserwartung: Männer 57, Frauen 61

Mauritius

Fläche: 2040 km²
Einwohner: 1,08 Mio.
Hauptstadt: Port Louis, 142 000 Einw.
Staatsform: Republik
Währung: 1 Mauritius-Rupie = 100 Cents
Bevölkerung: Mauritier, Inder

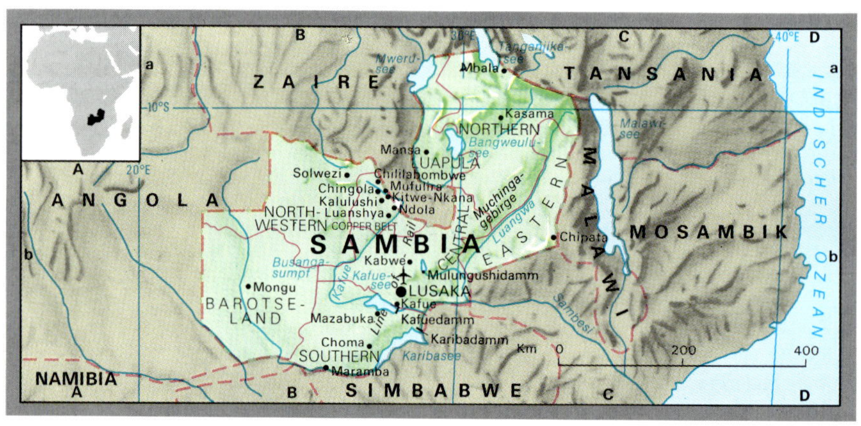

Sprache: Englisch (Amtssprache); kreolisches Französisch und verschiedene indische Sprachen
Religion: Hindus (51 %), Christen (rund 30 %), Moslems (17 %)
Klima: Tropisch-wechselfeucht. Durchschn. Temp. ganzjährig um 23 °C
Hauptexportgüter: Zucker, Textilien, Tee, Tabak, Blumen
Pro-Kopf-Einkommen ($ im Jahr): 2250
Bevölkerungswachstum (% im Jahr): 1,2
Lebenserwartung: Männer 65, Frauen 72

Seychellen

Fläche: 280 km²
Einwohner: 69 000
Hauptstadt: Victoria, 24 300 Einw.
Staatsform: Republik
Währung: 1 Seychellen-Rupie = 100 Cents
Bevölkerung: Seycheller, Minderheiten
Sprache: Englisch, Französisch, Kreolisch
Religion: Christen (98 %)
Klima: Trop. Seeklima. Durchschn. Jahrestemp. um 26 °C
Hauptexportgüter: Kopra, Zimt, Vanille
Pro-Kopf-Einkommen ($ im Jahr): 4670
Bevölkerungswachstum (% im Jahr): 0,8
Lebenserwartung: Männer 65, Frauen 74

Komoren

Fläche: 1862 km²
Einwohner: 492 000
Hauptstadt: Moroni, 22 000 Einw.
Bedeutende andere Städte: Mutsamudu, 13 000 Einw.; Fomboni, 5400 Einw.
Staatsform: Islamische Bundesrepublik
Währung: 1 Komoren-Franc = 100 Centimes
Bevölkerung: Komorer, Minderheiten
Sprache: Französisch, Komorisch
Religion: Islam
Klima: Tropisch, Hauptregenzeit von Nov. bis April. Durchschn. Jahrestemp. um 25 °C
Hauptexportgüter: Vanille, Kopra, Sisal, Gewürznelken, Parfümessenzen
Pro-Kopf-Einkommen ($ im Jahr): 480
Bevölkerungswachstum (% im Jahr): 3,7
Lebenserwartung: Männer 54, Frauen 55

Sambia

Fläche: 752 614 km²
Einwohner: 8,37 Mio.
Hauptstadt: Lusaka, 982 000 Einw.
Bedeutende andere Städte: Kitwe, 472 000 Einw.; Ndola, 443 000 Einw.
Staatsform: Präsidiale Republik
Währung: 1 Kwacha = 100 Ngwee
Bevölkerung: Sambier, Minderheiten
Sprache: Englisch; Bantusprachen
Religion: Christen (72 %), Naturreligionen (10 %)
Klima: Tropisch-wechselfeucht mit Regenzeit von Okt. bis März. Durchschn. Temp. in Lusaka im Oktober 24,4 °C, im Juli 16,1 °C
Bodenschätze: Kupfer, Zink, Blei, Kobalt
Pro-Kopf-Einkommen ($ im Jahr): 150
Bevölkerungswachstum (% im Jahr): 3,3
Lebenserwartung: Männer 51, Frauen 53

Mosambik

Fläche: 801 590 km²
Einwohner: 16,1 Mio.
Hauptstadt: Maputo, 1 070 000 Einw.
Bedeutende andere Städte: Beira, 350 000 Einw.; Quelimane, 184 000 Einw.
Staatsform: Republik
Währung: 1 Metical = 100 Centavos
Bevölkerung: Mosambiker, Minderheiten
Sprache: Portugiesisch, Bantusprachen
Religion: Stammesreligionen (70 %), Christen (30 %), Moslems (25 %)
Klima: Tropisch-wechselfeucht mit Regenzeit von Nov. bis April. Durchschn. Temp. in Maputo im Feb. 26 °C, im Juli 18 °C
Bodenschätze: Kohle, Uran, Mangan, Kupfer, Erdgas
Hauptexportgüter: Baumwolle, Sisal, Cashewnüsse, Tee, Zucker
Pro-Kopf-Einkommen ($ im Jahr): 80
Bevölkerungswachstum (% im Jahr): 2,6
Lebenserwartung: Männer 45, Frauen 48

Bildnachweis

(l. = links; o.l. = oben links; u.l. = unten links; r. = rechts; o.r. = oben rechts; u.r. = unten rechts; o. = oben; M. = Mitte; u. = unten)
Umschlagvorderseite:
o.: Gerster/Rapho; u.: Reichel/Top
Innenteil:
6 o.: Turner-Image Bank; 6 u.: B. Gérard; 7 o.: J. Gabanou; 7 u.: F. Varin; 8 o.: Pictor-Aarons; 8 M.: Minosa/Scorpio Films; 8 u.: Cande/Rapho; 9: Tondeur/Atlas-Photo; 10:Reichel/Top; 10/11: Gerster/Rapho; 12: G. Annequin; 13: Gerster/Rapho; 14 o.: G. Annequin; 14 u.: G. Annequin; 14/15: Dubois/Atlas-Photo; 16 o.: Froissardey/Atlas-Photo; 16 u.: J. Bottin; 17: G. Annequin; 18/19: Froissardey/Atlas-Photo; 20: J. Bottin; 20/21: Gerster/Rapho; 22: Gerster/Rapho; 23 l.: Gerster/Rapho; 23 r.: Gerster/Rapho; 24: Gerster/Rapho; 25: Gerster/Rapho; 26 o.: G. Annequin; 26 u.: Cat/C.E.D.R.I.; 26/27: Gerster/Rapho; 28: Froissardey/Atlas-Photo; 29 l.: Minosa/Scorpio Films; 29 r.: Purcell/Rapho; 30 l.: G. Annequin; 30/31: G. Annequin; 32 o.: J. Bottin; 32 u.: Gerster/Rapho; 33: G. Annequin; 34: G. Annequin; 34/35: Gerster/Rapho; 36 l.: Minosa/Scorpio Films; 36/37: Gerster/Rapho; 38/39: G. Annequin; 40: Gerster/Rapho; 40/41: Gerster/Rapho; 42: P. Challoy; 43 o.: G. Annequin; 43 u.: Dubois/Atlas-Photo; 44/45: A. Robillard; 45: Gerster/Rapho; 46: Tessore/BAVARIA; 47: Werner Gartung; 48: Beeldbank & Uitgeefprojekten; 49: Abbas/Gamma; 50: Remy; 50/51: F. Daussint; 52 o.: S. Held; 52 u.: Schwart/Image Bank; 53: S. Held; 54 o.: Abbas/Gamma; 54 u.: Abbas/Gamma; 55: Errington/A. Hutchison Lby; 56: von der Becke/Atlas-Photo; 57: S. Held; 58: S. Held; 58/59: Philippart de Foy/Explorer; 59: Bribosia/Atlas-Photo; 60: S. Held; 61: A. Robillard; 62: Errington/A. Hutchison Lby; 62/63: Bribosia/Atlas-Photo; 64: B. Gérard; 65: Denis/Huot; 66 o.: C. Lénars; 66 u.: A. Robillard; 66/67: Langiaux/Fotogram; 68 l.: Durou/Jaffre; 68/69: MADISON/ZEFA; 70 o.: Denis/Fotogram; 70 u.: F. Varin; 70/71: Vulcain/Explorer; 72 l.: J. Bottin; 72/73: Rémy; 74: M.-L. Maylin; 74/75: A. Hutchison Lby; 76 l.: Vulcain/Explorer; 76/77: J. Bottin; 78: Valentin/Explorer; 78/79: Aberham/IFA-Bilderteam; 80: M.-L. Maylin; 81: J.-C. Pinheira/Top; 82 o.: J.-C. Pinheira/Top; 82//83: J.-C. Pinheira/Top; 83: J.-C. Pinheira/Top; 84 o.: J.-C. Pinheira/Top; 84 u.: Jamain/Atlas-Photo; 84/85: J.-C. Pinheira/Top; 85: Fraenkel/A. Hutchison Lby; 86: J.-C. Pinheira/Top; 87: J. Bottin; 88 o.: Jamain/Atlas-Photo; 88 u.: Nebbia/Contact; 89: Nebbia/Contact; 90/91: J. Bottin; 91 r.: J. Bottin; 92: J. Bottin; 93: Fraenkel/A. Hutchison Lby; 94: C. Lénars; 94/95: C. Lénars; 96: Birgit Wernicke/action press; 97: Pictor/Aarons; 98: Duboutin/Explorer; 98/99: C. Lénars; 100 l.: Geher/A.A.A. Photo; 100 M.: Fiore; 100/101: Beylau/Hoa-Qui; 102: Weckler/Image Bank; 103: C. Lénars; 104 o.: Anne-Marie/A.A.A. Photo; 104 u.: C. Lénars; 104/105: Werner Gartung; 106: Hoa-Qui; 107: Hoa-Qui; 108 o.: Hoa-Qui; 108/109: Forge/Explorer; 110: Hoa-Qui; 111: Bel/Vienne-Pitch ; 112/113: Souricat/Explorer; 114: Jenny Matthews/Network/FOCUS; 115: Terence McNally; 116 o.: M. Pell; 116 u.: S. Held; 117 o.: S. Held; 117 u.: A. Hutchison Lby; 118/119: S. Held; 120: Gerster/Rapho; 120/121: Duboutin/Explorer; 122 o.: Boutin/A.A.A. Photo; 122 u.: Hoa-Qui; 123: S. Held; 124/125: Bouillot/Marco Polo; 126 o.: S. Held; 126 u.: Bouillot/Marco Polo; 126/127: A. Hutchison Lby; 128 l.: Bouillot/Marco Polo; 128/129: Bouillot/Marco Polo; 130 o.: Jamain/Sidoc; 130 u.: S. Held; 131: Beeldbank & Uitgeefprojekten; 132 o.: Beeldbank & Uitgeefprojekten; 132 u.: Beeldbank & Uitgeefprojekten; 133: Petron/C.E.D.R.I.; 134 l.: J.-A. Stevens; 134/135: Cormontagne/Explorer; 136/137: Suire/Afip; 137 o.: Cormontagne/Explorer; 137 u.: Steinlein/Pitch; 138: Perno/Fotogram; 139: Serraillier/Rapho; 140: Zuber/Rapho; 141: Vulcain/Explorer; 142 l.: C. Lénars; 142/143: Bédu/Afip; 144: Hoa-Qui; 144/145: Serraillier/Rapho; 146: J.-A. Stevens; 146/147: J.-A. Stevens; 148: Serraillier/Rapho; 149: Bossu/Explorer; 150 l.: A. Lepage; 150/151: Luzuy/Rapho; 152: Nau/Gamma; 152/153: Vulcain/Explorer; 153 u.: Serraillier/Rapho; 154: A. Lepage; 155 l.: A. Lepage; 155 r.: Rubira/Explorer; 156: A. Lepage; 157: Bouillot/Marco Polo; 158: M. Pelletier; 159: Buthaud/Rush; 160: Forge/Explorer; Karten 161–167 Reader's Digest.